图书馆服务与管理创新研究

程铖 著

吉林摄影出版社
·长春·

图书在版编目（CIP）数据

图书馆服务与管理创新研究 / 程铖著. — 长春：吉林摄影出版社，2023.12
ISBN 978-7-5498-6055-5

Ⅰ.①图… Ⅱ.①程… Ⅲ.①图书馆管理－研究②图书馆服务－研究 Ⅳ.①G251②G252

中国国家版本馆CIP数据核字(2023)第246353号

图书馆服务与管理创新研究
TUSHUGUAN FUWU YU GUANLI CHUANGXIN YANJIU

著　　者	程　铖
出 版 人	车　强
责任编辑	李　彬
封面设计	文　亮
开　　本	787毫米×1092毫米　1/16
字　　数	210千字
印　　张	9.75
版　　次	2023年12月第1版
印　　次	2023年12月第1次印刷
出　　版	吉林摄影出版社
发　　行	吉林摄影出版社
地　　址	长春市净月高新技术开发区福祉大路5788号
	邮编：130118
网　　址	www.jlsycbs.net
电　　话	总编办：0431-81629821
	发行科：0431-81629829
印　　刷	河北创联印刷有限公司
书　　号	ISBN 978-7-5498-6055-5　　　　定　价：56.00元

版权所有　　侵权必究

前　言

以网络为中心的计算机技术、通信技术、数字信息化技术的飞速发展给图书馆带来了一个全新的网络环境，正在把传统图书馆推向全球一体化、网络化的新境地。

随着计算机技术、网络和信息存储等现代信息技术的发展，社会网络化、信息化不断推进，我国图书馆正从传统图书馆向现代图书馆过渡。当今时代，信息已经成为发展的关键，谁可用的信息资源更多，谁就在发展中占据更有利的位置。图书馆作为一个收集、整理、保存、传播信息资源的公益服务机构，有责任为国家和人民提供更好的服务，满足其需求，因此，图书馆要注重加强管理与服务建设。

本书作者以现代图书馆为主题，对现代图书馆的理论知识进行了较为全面的论述。作者通过对于新时代图书馆管理和服务方面出现的一些新的发展形势进行分析，提出了一些新的观点，归纳总结出图书馆管理和服务的新理念，力争能够用现代管理的理论去解决图书馆管理中的实际问题，并对图书馆的服务理念做了较为深入的探讨。

本书在撰写过程中，参考和借鉴了相关研究方面的文献资料、网络资源和相关的研究成果，在此向相关作者一并表示真诚的感谢！由于笔者水平有限，加之撰写时间仓促，书中不足乃至错漏之处在所难免，敬请广大读者批评指正，并对本书提出宝贵意见，帮助笔者在修订中不断完善。

目 录

第一章 当下图书馆的管理理论 ················· 1
 第一节 图书馆管理 ························· 1
 第二节 质量管理 ··························· 6
 第三节 业务管理 ··························· 9
 第四节 服务管理 ·························· 14
 第五节 行政管理 ·························· 21

第二章 图书馆的行政管理 ····················· 26
 第一节 概述 ······························ 26
 第二节 办公室管理 ························ 34
 第三节 档案管理 ·························· 38
 第四节 规章制度 ·························· 40

第三章 图书馆管理与信息整合 ················· 45
 第一节 现代信息技术的有机整合 ············ 45
 第二节 信息资源的整合及发展 ·············· 46
 第三节 纸质图书与电子图书整合 ············ 55
 第四节 信息资源整合与服务模式创新 ········ 58
 第五节 网络开放学术信息资源整合建设 ······ 63
 第六节 "互联网+"时代文献信息的整合、共享创新 ··· 68
 第七节 数字图书馆知识管理 ················ 71

第四章 档案信息管理 ························· 74
 第一节 信息化建设的必要性 ················ 74

第二节 信息技术下的图书馆档案管理模式......76
第三节 基于互联网的图书馆档案信息化管理......80
第四节 数字化时代公共图书馆档案管理信息化......83
第五节 高校图书馆档案信息管理平台构建......85

第五章 高校图书馆的学科服务......91

第一节 精准营销的高校图书馆学科服务......91
第二节 提高学科化服务的必要性......97
第三节 高校图书馆学科服务滞后的原因......99
第四节 嵌入式学科服务......107
第五节 微信公众平台与高校图书馆学科服务......114
第六节 MOOC与高校图书馆学科服务......117

第六章 高校图书馆的学科服务管理......123

第一节 学科服务战略管理......123
第二节 学科服务团队建设与管理......128
第三节 学科服务平台管理......133
第四节 6S管理模式......136
第五节 "双一流"高校图书馆学科服务管理......140

参考文献......146

第一章 当下图书馆的管理理论

我国图书馆事业有着悠久的历史,早在公元前 2000 多年就出现了图书馆。在漫长的岁月里,有关图书馆的管理经历了不同的阶段。直到 20 世纪初,因为整个社会的变革、中西文化的碰撞和交融,我国图书馆管理才由以藏为主的藏书楼管理体制,改为以用为主的管理体制。而随着信息化时代的到来,传统的图书馆管理发生了巨大的变化,图书馆的现代化建设正从自动化管理向信息化、数字化、网络化、虚拟化的管理方向发展。

第一节 图书馆管理

随着信息化时代的到来,现代图书馆的作用日渐彰显。然而,由于一些图书馆存在着管理理念落后、管理手段粗疏的问题,致使图书馆界整体管理水平相对较差,现代图书馆的管理效果不能充分体现,离社会对图书馆的要求和图书馆自身所能够发挥的作用相距很远。同时,当今的图书馆管理研究还存在着理论知识储备不足的缺陷,大多数研究局限于就现象谈现象,缺乏理论深度。本节力图通过评析管理理论,从中寻求适合图书馆发展运作的管理理论,为现代图书馆管理理论研究寻找新突破点。

一、近代以来主要管理理论概述

管理就是通过和依靠正式组织团体中的人们去完成任务。管理是指通过建立一个环境,对组织的任务进行编组,使人们能够通过个人的工作和集体的合作来达到既定目标。

(一)系统管理理论

系统管理理论流行于 20 世纪中期,代表人物是美国管理学者切斯特·巴纳德,他认为组织是一组相互联系和相互制约的要素,并按一定方式形成的整体。组织要想达到它的目标,各组成要素就要围绕组织目标开展活动,管理者要对各种要素加以协调,确保组织目标的实现。

（二）决策管理理论

决策管理理论的代表人物是赫伯特·西蒙，他特别强调决策在管理中的作用，甚至将决策等同于管理，认为决策工作贯穿管理工作的始终。他认为最优决策的状态是无法达到的，只要能够做出足够的决策就可以了。

（三）权变管理理论

权变管理理论是20世纪70年代形成的，也称为情境方法，旨在通过具体问题具体分析，找出解决问题的方法。权变管理理论否认存在最佳的管理方法，认为方法的应用要根据环境的客观情况，采取不同的管理方法。权变管理理论重视对组织内部条件和外部环境的分析，认为环境的不确定性程度影响着管理过程。

（四）管理科学理论

管理科学理论称为运筹学或定量方法，主要是利用大量的应用数学、统计学、计量学等定量研究工具，通过建立模型，寻求问题的最佳解决方法。定量方法的影响程度有限，主要是因为这种方法掌握起来有一定难度，许多管理者不熟悉数量工具，很多问题又很难通过量化指标来评价。同时，行为变量过多，结果也难以确定。

（五）战略管理与竞争战略管理理论

战略思想应用于企业管理是从20世纪50年代开始，60年代后进入高潮，到70年代战略管理形成一门独立的学科。战略管理主要研究的是组织整体发展规划的问题，侧重于回答组织在竞争环境中如何适应环境的变化、如何建立竞争优势的问题，为组织的发展指明道路。

（六）知识管理理论

知识管理的理论与实践源于20世纪80年代初期，80年代末逐渐兴起，许多知识管理的项目开始实施，有关论文和著作纷纷涌现。知识管理就是通过把组织的信息处理能力、组织成员的创新能力、组织的文化和制度结合起来，提高组织的核心竞争力，增强组织对环境的适应能力。知识管理的一个重要方面就是建立学习型组织。学习型组织的核心在于通过解决问题和提升员工的学习能力来获得和保持竞争优势。

二、图书馆管理理论的发展

黄宗忠认为：管理是一种生产力，是联系图书馆各要素之间的纽带。他认为图书馆管理是计划、组织、指挥、控制、协调图书馆工作中的人力、物力、财力的合理运作，达到以最少的消耗来实现图书馆的既定目标，完成图书馆过程任务并达到最好的效果。图书馆管理学是一门综合性的应用学科，具有整体性、联系性、有序性、均衡性和目的性的特点，以图书馆系统的管理活动为研究对象。

（一）图书馆的经验管理

图书馆经验管理自新中国成立初期到 20 世纪 90 年代一直占主要地位，但实践证明，这种管理体制存在一定的不足。图书馆的经验管理就是凭个人或群体过去的实践所获得的知识与技能对图书馆进行管理，既不考虑社会的发展与变化，也不考虑创新，过去怎样做，今天仍怎样做。

图书馆经验管理主要有三种表现形式：①凭单位过去的经验管理。②凭领导个人的经验管理，领导来自哪个行业，就用哪个行业的方法管理图书馆。③凭图书馆馆员的经验进行管理，主要形式是以老带新，代代相传。从这些表现可以看出，在不否认人类宝贵经验的基础上，单纯的经验管理存在很多问题，如管理体制不健全、工作效率低、管理目标模糊、管理方法手段落后等等。虽然在经验管理下的图书馆工作也取得了一定进展，但多是量的扩大，少有质的提升。

（二）图书馆的目标管理

图书馆目标管理的主张是建立在管理过程学派、经验主义学派、行为学派、社会系统学派、决策理论学派、数学学派等许多思想学派对基本管理理论和实践所做的贡献的基础之上的。沃伦·希克斯认为目标管理理论是一种最适合当今图书馆特点的理论，因为目标管理理论整合了各种管理理论系统的不同部分，并将其结合起来。

在目标管理中，目标被认为是一个要达到的条件，或者是一个为实现现代图书馆利用多载体资源这一理想必须具备的条件。任何一个特定的现代图书馆，其目标都应把所有管理部门试图提出的条件包括进去。图书馆目标管理兴起于 20 世纪 80 年代末，但没有形成较大的影响，持续时间也不够长，因为目标会随着社会和科学技术的发展而不断更改，这不利于工作的连续性，有时会造成管理上的脱节。

（三）图书馆的权变管理

权变管理理论是 20 世纪 70 年代在美国兴起的。黄宗忠先生在文献中建议将权变管理理论应用于图书馆管理中，使图书馆管理的思想、方法、方式等与变革的社会环境相适应。因为图书馆管理是一个动态的过程，要与图书馆的特定外部环境（如出版发行部门、读者、竞争者等）的变化活动相适应，并适时采取相应的管理对策。

权变管理理论应用于图书馆的管理思想上，可以解放图书馆管理观念，树立辩证管理、立体管理、应变管理、扬弃管理、实事求是管理的思想。权变管理理论应用于图书馆人事管理上，应把握好四点，即馆员的需求、管理的方式、馆员的素质和对馆员的激励。权变管理理论在图书馆组织结构方面的应用包括以下三项内容：①权变组织观的最终目的在于提出最适于具体情况的组织结构设计和组织管理行动；②根据不同国情、馆情，设计和选择适宜的组织结构；③组织结构的变革要重视实验。此外，权变管理理论还可应用于图书馆领导方式上。由于图书馆所处的外部特定环境是不受图书馆直接控制的，所以权变管理理论对图书馆管理来说过于复杂，也没有得到广泛应用。

三、现代图书馆管理理论的创新

（一）学习型组织理论

学习型组织（Learning Organization）理论是 20 世纪 90 年代以来在管理理论和实践中发展起来的一种全新的管理理念，是知识经济时代、信息社会的产物。学习型组织理论的创始人美国著名管理学家彼得·圣吉给其下的定义为：通过培养弥漫于整个组织的学习气氛，充分发挥员工的创造性思维而建立起来的一种有机的、高度柔性的、扁平的、符合人性的、能持续发展的组织。这种组织具有持续学习的能力，具有高于个人绩效总和的综合绩效。

学习型组织理论之所以能应用在图书馆管理中，是因为学习型组织与图书馆有许多相似的地方，主要表现在两方面：①学习型组织与图书馆均重视人的因素；②学习型组织与图书馆都是知识型的组织。学习型组织的理论主要体现为彼得·圣吉提出的"五项修炼"，强调知识的重要性、个人的潜能、合作与共享的意识、团体的创新精神等。作为一整套管理模式，它包括管理目标、管理者与被管理者的关系、管理方式、管理技术、管理文化等管理的诸多方面，隐含着以人为本、知识共享、自我超越等管理方面的价值观，因而是一种宏观管理模式。它不但适用于企业管理，而且适用于所有组织，包括图书馆组织。

图书馆作为信息和知识的集散地，是进行知识的生产和传递的知识型组织；而学习型组织是通过学习，熟练地创造、获取和传递知识的组织，同时，也善于修正自己的行为，以适应新的知识和见解。图书馆的工作性质和学习型组织的学习目标是一致的，即"工作与学习融为一体"，可以直接提高工作绩效，因而图书馆更应该成为学习型组织。

（二）人本管理理论

所谓人本管理，就是以人为本的管理。管理的本质在于激励、引导人们去实现预定的目标；应当把人视为管理的主要对象和组织最重要的资源，全面开发人力资源；根据人的思想和行为规律，运用各种激励手段，充分调动人的积极性，发挥人的创造性，从而使组织活力不断增强。

人本管理理论是现代比较流行的一种管理理论，根据图书馆自身的特点，比较适合应用这一管理理论的原因主要有三点：

1. 图书馆是以人为主体组成的

没有人的运作，图书馆里再好的设备也不能正常发挥其功能。

2. 图书馆是依靠人进行管理活动的

图书馆的各项管理环节均需要人去调控，人始终居于中心地位，发挥主导作用。

3. 图书馆最重要的资源是人才

对人才的合理配置是图书馆管理始终追求的目标。

图书馆人本管理是指在研究馆员心理和行为的基础上采用非强制性方式，在馆员心中产生一种潜在的说服力，从而把组织意志通过激励、互补、协调、软控制变为馆员自觉的行动，目的在于通过对馆员有效的激励，通过对图书馆工作环境的改善、和谐工作氛围的营造，通过对馆员进行分层次、有针对性的培训和教育，通过对馆员真诚地尊重、充分地信任，最大限度地调动馆员工作的主动性、积极性和创造性，从而促进馆员自身全面自由的发展，达到图书馆各方面工作的全面提升。美国图书馆学家施蒂格指出：人本价值观念是图书馆职业的核心。著名的图书馆学家谢拉更是明确主张图书馆"实质仍然是人本主义的……图书馆学始于人本主义"。实践证明，图书馆因读者对信息的需求而存在，因馆员勤奋且努力的工作而发展，人是图书馆存在的基础和发展的动力，实施人本管理是图书馆发展的必然。

第二节　质量管理

在信息化和市场经济日益完善的社会中，社会、个体对图书馆的服务水平和能力提出了更高的要求。人们获取所需知识和信息的途径是自由而多样的。因此，假如图书馆继续沿用传统的质量管理理念和服务方式，必然会导致图书馆读者的大量流失，会缩小图书馆的服务领域，极大地削弱图书馆存在的社会价值。

一、图书馆全面质量管理的含义

全面质量管理（TQM）起源于美国。它原是企业界的一种管理思想和管理实践，注重以人为本的管理模式，强调全过程、全部门和全员的质量管理。从20世纪80年代开始，一些图书馆开始引进TQM模式。当今作为一种新型有效的管理模式，TQM已经得到国内外图书馆学者的广泛认同。

图书馆全面质量管理是指图书馆为保障和提高服务质量，动员各部门和全体员工，综合运用管理技术、专业技术、思想教育、经济手段和科学方法，建立健全服务质量保证体系，对服务的全过程实行有效控制，从而开发、设计、生产和提供用户满意的产品和服务，做到最好质量、最低消耗、最优生产和最佳服务，最终实现不断提高服务质量的目标。

图书馆全面质量管理的主要内容有三：一、全面的质量概念，是指服务的质量是由工作质量、工序质量、信息质量、人员质量、系统质量、目标质量等构成。二、全过程的质量管理，是指图书馆质量管理要从图书馆的业务流程、工作环节、服务方式和手段、服务理念等不同层次彻底解决图书馆的质量问题。三、全员参与，就是从图书馆高层领导者到一般员工都参与到质量管理工作中来，都要有强烈的质量意识，把提供高质量的产品和服务作为自己的职责，认识到只有每个人都保持工作的高质量，整个图书馆才能以高质量的形象出现在读者面前。这就要求图书馆全体员工树立"服务质量，人人有责"的意识，创造一个"人人关心服务质量、人人为服务质量负责"的良好环境。

二、实施质量管理的条件

（一）树立质量意识

在信息时代，所有的图书馆员都要树立质量意识，认识到质量是成功实施全面质量管理的前提保证。图书馆工作人员的质量意识是促进服务质量提高的重要思想基础，有了强烈的质量意识，就会有强烈的工作责任感，就会牢记自己的职业道德，就会干出一流的工作。质量意识淡薄，提高服务质量也就成为一句空话。近年来，图书馆重藏轻用的观念已经有所转变，现代图书馆越来越提倡将读者放在各项工作的第一位。而读者最为重视的是当他们来到图书馆，将会得到怎样的信息产品和信息服务。树立"质量第一"的观念也就是从读者的角度出发，为读者提供优质、快捷的产品和服务。同时，还要给读者降低成本。因此，"质量第一"的观念从根本上来说也就是"读者第一"的观念。

图书馆"质量第一"观念的树立必须与图书馆的组织文化相一致。信息图书馆的组织文化是从组织的整体出发考虑的，而质量文化是组织文化的一部分，它强调的是全面质量管理，侧重于提高信息时代图书馆全体人员的质量意识、质量观念和质量管理方法。提高图书馆信息产品和信息服务的质量，最终是靠全体人员的工作来实现的，没有他们的参与，没有他们的积极性、主动性和创造性，质量是无法保证的。

（二）加强对读者的指导

读者服务工作是图书馆全部工作的出发点和落脚点，为读者提供高质量的文献信息服务是图书馆的根本宗旨。并不是所有读者都知道如何正确、有效地利用图书馆中的各种资源、技术和设备，这就要求图书馆要通过多种途径对用户进行指导，以提高和增强他们利用图书馆的能力。

导读是图书馆员的基本且重要的任务之一，导读效果的好坏直接反映图书馆员的素质及技能的高低。图书馆员只有加强导读技能的训练，才能为读者提供高质量的服务。

导读工作是指图书馆员通过自己的努力，利用特定的条件与手段来提高读者的阅读效率。它包括指导读者利用图书馆、使用图书目录、利用工具书等方面。

（三）建立完善的质量管理制度

没有一定的质量规章制度和质量运行规范进行制约和控制，服务活动就不能科学、合理、高效地运转。服务质量管理制度并不在于多少，关键在于是否科学、适用、符合实际、便于操作。质量管理制度要具有权威性和稳定性，一旦确定就不能随意更改。在制定质量管理制度时，既要明确图书馆整体服务的质量目标，还应规定出具体质量标准。鉴于图书馆工作的复杂性和多样性，对服务成绩、服务效果、用户满意率等不仅要有定量指标，同时也要辅之以定性指标。对服务过程中的每一个环节，要规定其质量职责和权限，使人人都清楚在自己的岗位上应该干什么、怎么干，应该达到什么样的质量标准。

（四）建立奖励机制

将图书馆的绩效考核与奖励有机地结合在一起，能够增强馆员的成就感，同时也可以提高他们的工作积极性，不失为现阶段提高图书馆服务质量的一种有效方法。

奖励是以"以人为本"理念为基础，以人为重心的管理活动，追求管理活动的人性化。机制是人的行为的理性层面，它追求管理活动的制度化。所以，科学的奖励机制是以制度化为基础、以人为中心的人力资源管理。

奖励机制具有很强的激励作用：一是集合诱导作用，可以提高馆员的积极性。二是行为导向作用，指图书馆期望馆员所要努力的方向和行为方式。三是行为幅度控制作用，指诱导因素在激发馆员行为强度上的控制。四是行为时空导向作用，期望行为在一定时期和范围内发生并具有一定的连续性，防止馆员的短期行为。

三、质量管理的意义

（一）满足用户的不断需求

读者是图书馆产生、存在和发展的根本。可以说，没有读者就不会有图书馆，读者是图书馆的最终评价者。随着经济的高速发展，用户对图书馆服务提出了越来越高的要求。图书馆只有提供高效、高质量的服务，不断提高服务质量，以质量求生存、以质量求发展，才能使自己得到更大的发展空间，获得更多用户的满意与认可。因此，图书馆要根据读者的需求找出自己的不足之处，确定新的质量管理方针和质量管理目标，尽可能地满足读者的需求。对于某一读者的某一需求而言，图书馆的服务是一次性的，这就要求图书馆员必须一次性服务成功。否则，读者可能对图书馆产生不信任感，从而放弃使用图书馆。要确保馆员能一次性服务成功，实施全面质量的管理，所以建立质量管理体系则是重要的保证措施之一。

（二）推进图书馆工作的规范化

北京图书馆于1987年制定的《北京图书馆业务工作规范》在当时对我国各类图书馆工作的规范化起到了积极作用。建立图书馆全面质量管理体系，可通过确定组织机构与职责、岗位工作指导书等，明确各项工作的流程及其控制的原则与方法，明确各个工作岗位的具体工作流程与行为规范，从而增强图书馆工作的个体规范性。这种做法的推广与深入，不仅会逐渐培养并提高广大图书馆工作者的工作规范化意识，而且将加速整个图书馆行业工作规范化的进程。

（三）推进图书馆工作的持续发展

传统管理方法常常以维持现状为重心，其座右铭是"如果没坏，就无须修理"。而全面质量管理则把重心转向对系统和过程的持续改进，秉持"即使没坏，也要不断改进"。因此，实施全面质量管理的图书馆不再仅仅满足于某一质量标准，好了还要更好，永无止境地追求更高质量，满足并超越用户不断变化的信息需求才是图书馆的最终目标。

第三节　业务管理

随着现代化信息技术与网络技术的不断推进，社会中各个行业在发展中都发生了较大变化。其中，图书馆作为社会发展中的一个重要组成部分，它的管理模式以及管理流程随着现代社会的变革发展也不断完善。所以，在这种发展环境下，为了更好开展图书馆服务工作，就要实现管理模式的积极变革。

一、我国图书馆业务管理的作用

一直以来，我国图书馆的业务管理模式以及业务流程都是按照收集、整理以及保存等环节完成的，在实际执行期间是按照自变机制以及他变机制来完成。其中，自变机制是事物本身具有一定的随机性，在时代发展中，能够对社会整体进行积极引导。他变机制是事物本身缺乏一定的自觉性，一些外部力量推动了整个社会的发展。从图书馆的历史发展形式来看，由于受历史变化的影响，导致在自变发展过程中过分依附于公益性质，从而降低了图书馆的动力发展。而在他变过程中，受外部动力的影响，由于内部动力的严重缺少，导致在他变机制上具有更多作用。其中主要表现在以下两方面：

（一）社会作用

随着社会形态以及社会思潮的不断变革，事物在内部以及外部形态上都发生了较大变化，并实现了演变的根本性与全局性。我国图书馆从传统发展到现代化变革，社会形态以及社会思潮都形成了不同结果。当前社会实现了全球一体化发展经济，其中的经济观念以及信息资源都已深入人心，同时，人们对信息内容掌握的形式也发生了较大变化。因此，图书馆就要与社会发展增加联系，并随着现代化脚步，不断纳入先进思想，从而全方位地提升自己的地位及价值。

（二）技术作用

技术作用在事物演变过程中并没有体现全局性以及根本性，但在事物发展中形成了较大的推动作用。在一定程度上，人们的历史发展就是科学技术水平的不断提升。现代信息技术应用在公共图书馆中具有较大的促进作用，特别是电子计算机技术以及网络技术的普遍应用，使图书馆从传统的手工操作流程转化为自动化以及网络化发展。图书馆业务管理模式的演变发展也是将技术作为主要因素，它的应用与产生不仅实现了图书馆业务流程的自动化以及现代化发展，还提升了图书馆的思想定位。

二、我国图书馆业务管理模式的研究现状

我国图书馆业务管理模式的变革要引起理论与实践的重视，因为业务流程管理能促进我国图书馆管理工作的变革进步。其中，数字图书馆是未来图书馆发展的主要形态，在当今发展思潮中已成为重要目标。有些学者认为，要将图书馆进行机构重建，以促进组织规模的小型化以及扁平化，但其中的业务划分形式还比较粗糙。而有些学者认为，根据业务要承担的角色，要将机构划分为五部分。其一，信息收集部门，它主要为其提供一定的文献知识以及数学化发展方案，并在最后利用互联网对其跟踪。其二，信息转换部门，它主要对信息进行扫描、转换等。其三，数据描述部门，它主要对已经转换的数据利用相关语言进行描述。其四，数字化服务部门，主要实现 Wed 制作、相关内容的更新与维护等。其五，技术支持部门，它主要对一些新标准、新工具、新技术等进行研究，并对数字化信息进行有力保护。但实际上，一些图书馆机构重建以及管理模式形成了新的变革，促进了组织职能的不断优化，形成了集成化的人员结构，在管理期间也开始利用自动化系统作为技术支撑，以促进图书馆业务管理模式的一体化发展。

三、信息化环境下我国图书馆业务管理模式变革分析

对我国图书馆的业务管理模式进行改进对图书馆的工作发展具有较为重要的作用，但在积极变革期间，如果没有在整体上解决问题，只是在局部或者单方面解决问题，效果将会受到一定限制。因此，在信息化环境下，我国图书馆当前还面对一些需要解决的问题，如全球信息化与网络化为一体的发展形势与当前的图书馆系统存在较大分割；随着信息技术的快速发展，图书馆的业务管理工作存在较大滞后性；随着读者的多样化需求，图书馆服务工作还比较单一。根据现代社会发展现状，既要满足全球经济、文化发展以及读者的多样化需求，还要利用现代网络技术，从宏观、中观、微观等方面对我国图书馆的业务管理模式进行变革。

宏观上：建立一个高效的、具有权威的图书馆业务管理机构。该机构的形成不仅能在业务上对所有的图书馆进行统一规划、相互协调，还能在一定的体制发展上，改变图书馆出现的半封闭现象，从而保证图书馆资源的合理配置，以促进人力、物力以及财力的协调利用。对我国图书馆建立的管理体制进行分析可知，目前，我国图书馆还在按照图书馆管理部门的隶属关系进行着，这导致我国图书馆的业务管理在全局和整体上都不够协调。如在一个地区的不同图书馆中，其网点的设置、资源的布局以及行业的标准等都存在一定的重复性。所以，可以将其分为几个模块，这样不仅能促进各个图书馆之间的关系，还能利用信息技术实现各个资源的传输，以保证在整体上实现图书馆事业的有序进步。

中观上：实现集团化的垂直管理体制。要以省级、市级为主要单位，构建规模性比较大的图书馆事业，并在一定的区域内对图书馆进行集团化以及垂直化管理。该途径不仅能在人力、物力等方面统一计划，还能促进资源的共享发展。如今，我国图书馆在业务管理形式上取得了普遍进步，并为中观上的业务管理模式提供有效决策。

微观上：对图书馆的业务管理进行优化、调节。其中，要以信息化为主，对图书馆的业务管理单位合理设置。而且还要改变传统的图书馆业务管理方式，将其转换为外部业务管理的现代化发展，以促进网络资源、网络知识的有效开发，从而实现以用户为主要需求中心的业务发展，从而提升实际的工作效率。

四、大数据与图书馆业务管理

图书馆的业务部门一般包括采访编目部、流通阅览部、信息技术部、参考咨询部等，传统的业务工作流程包括采访、编目、加工、存储、服务等。在大数据的影响下，图书馆的业务也发生了变化，如图书馆传统的采购和编目工作，可以通过招标等形式外包给其他机构，图书加工也对外委托。图书馆的业务工作重心转向以数据为中心的信息资源组织、利用与保存，数据的采集、存储、挖掘和分析等主要业务。图书馆对复杂的大数据进行数据挖掘和可视化分析，可以使用户更准确、及时、有效地利用信息，但大数据也给图书馆的业务管理带来了以下问题：①数据采集问题。图书馆的工作量并没有因为业务外包而减少。大数据时代，图书馆的每一项业务都涉及数据，如何高效收集各种数据，成为决定图书馆业务工作成效的重要因素。②质量控制问题。图书馆传统的结构型数据库已经不能适应非结构化数据和半结构化数据的动态管理和分析需求，业务管理模式如不加以革新，其业务工作的质量将会难以跟踪和控制。③数据利用问题。图书馆收集大数据的最终目的是提高图书馆的服务质量，让用户充分利用图书馆的资源创造价值。从图书馆业务工作的内容来看，信息资源如何组织、存储和利用，都涉及大数据的利用问题。从图书馆业务工作的形式来看，任何一个业务工作流程都会产生新的数据，这些数据包含隐性的有用信息，图书馆只有把这些隐性信息挖掘出来，发现业务工作中的重点和难点，才能改进业务工作流程，提高业务工作水平。

五、基于大数据的创新性的图书馆业务管理模式

（一）以信息资源为对象构建动态采购平台

信息资源是图书馆开展各项服务的基础，图书馆应建立根据服务对象和经费情况决定采购哪些图书及哪种类型的数据库。因此，图书馆应构建一个动态的信息资源采购平台，对出版社的动态、不同层次用户的阅读需求和阅读形式、供应商的实际情况等数据进行收集，设置权重，利用大数据分析技术构建图书评价系统。图书馆只需把书目、出版社、供应商的信息导入系统，就能实时、准确地挑选到图书，这样不但可以降低馆藏资源的购置费用，还能提高馆藏资源的利用率。

（二）以图书馆业务为对象构建风险评估模型

图书馆的业务工作与服务息息相关，业务工作出现偏差会导致服务出现问题。因此，图书馆应根据自身情况构建图书馆业务风险评估系统，在开展新业务前先进行风险评估。如图书馆在建立数字图书馆初期，应收集经费、技术、设备等数据资料及科技发展数据、供应商数据、用户数据等，利用这些大数据构建信息安全风险评估模型及知识产权风险评估模型，科学分析构建数字图书馆的可行性，智能辅助决策，降低数字图书馆建成后可能带来的风险。

（三）以用户为对象构建数据挖掘系统

用户在利用图书馆资源时会留下各种数据，这些数据可以归为以下五类：①用户的资料。用户资料可以帮助图书馆了解服务对象的类型、层次、地域分布等，从而有针对性地提供阅读推广和参考咨询服务。②用户的到馆数据。这些数据可以使图书馆了解用户的到馆周期，为其制定各项业务的工作时间提供依据。③用户的查询或咨询数据。用户在图书馆进行参考咨询或查询书目信息、图书馆区域分布时都会留下数据，这些数据都和用户的需求有关。④用户的借还数据。用户的借还数据可以帮助图书馆了解用户的阅读周期和阅读需求，一些相关数据还能在信息资源采购平台中被加以利用。⑤用户访问电子资源的数据。这些数据主要是用户在检索、浏览、下载时产生的数据，它们会成为图书馆在构建数据、挖掘系统时的重要资源。通过构建以用户为对象的数据挖掘系统，图书馆可以了解用户对馆藏资源的满意程度，分析用户流失的原因及到馆用户、网络用户的显性需求和隐性需求。

（四）以图书馆员为对象构建灵活的工作模式

当代图书馆员应具备基本的学科知识、超前的服务意识、数据分析和处理能力、开发隐性知识的能力及开拓创新的能力。图书馆员对图书馆的业务工作最为熟悉，也最能发现业务工作中存在的问题。因此，图书馆除了要培训馆员，还应以馆员为研究对象，收集馆员的工作数据，并对这些数据进行分析，找出工作中的不足，进而构建更有效的工作模式，使馆员充分发挥才能。

（五）以技术为对象构建大数据支撑体系

图书馆不论是从信息资源、业务还是馆员、用户的角度对大数据进行分析都离不开技术，这些技术包括大数据采集技术、大数据存储技术、大数据分析和处理技术等。目前，较为成熟的大数据处理技术有 Hadoop、SAP HANA、Hive、Pig 等。图书馆利用这些技术进行大规模的数据处理和分析，不仅可以减少馆员的工作量，还能为用户节省时间。为了构建以技术为核心的大数据支撑体系，图书馆除了要购置相关的软硬件设备，还应注重对技术人才的培养。大数据背景下的技术人员不仅需要具备丰富的大数据知识，还应了解各类数据库软件和数据挖掘、分析软件。为了更好地把大数据应用于图书馆的业务管理，图书馆应对技术人员进行图书馆业务培训，使其成为精通图书馆业务的技术型人才。其培训方式主要有：①人才委托培训，即图书馆聘请专业机构对图书馆的技术人员进行技术和业务培训。②与高校、企业合作，即图书馆与高校、企业联合开展大数据培训课程，使大数据的理论与实践相结合。

大数据拓宽了图书馆业务管理的视角，使图书馆可以从更广泛的角度考虑业务管理的流程及方式。大数据逐渐成为图书馆业务的基础，而图书馆的业务则是大数据的价值体现。图书馆在利用大数据时应重视对用户、合作机构及图书馆员的隐私保护，在采集、保存、利用和开发大数据的过程中要建立隐私安全保护的机制及法律保障体系，避免出现信任危机，最大限度地发挥大数据的价值。

第四节　服务管理

图书馆是高校的重要部门，是学校教学、科研服务的信息中心。图书馆建设是高校教育管理重要工作之一。随着数字化、信息化技术的发展，图书馆的服务形式、服务内容、服务手段及服务功能等都发生了巨大的变化，尤其对网络化服务功能多样化提出了更高的要求，传统的服务模式已经跟不上信息时代的发展要求，图书馆必须从内涵和外延上拓展功能，从服务与管理上进行根本转型，才能跟上信息时代发展的步伐，才能顺应现代社会的发展。

一、高校图书馆服务与管理转型的意义

高校图书馆是服务学校教学科研的信息阵地，是大学生的第二课堂，是大学生获取知识的主要渠道，也是大学生开展各类活动和提高校园文化气息的场所。随着网络化和信息时代的迅速发展，人们获取信息的手段、方法、要求都发生了很大的变化，要在海

量的信息中快捷方便、不受时空的限制，获取自己所需的信息资源，由于图书馆的服务与管理面临前所未有的挑战，所有必须从服务与管理两方面进行转型。服务转型是顺应时代发展的必要条件，是进一步完善图书馆服务功能的重要基础，有助于服务效率的进一步提高。管理转型，有利于进一步规范高校图书馆的管理工作，进一步明确管理目标。通过转型可以进一步完善服务功能和服务方式，方便快捷地为学校师生提供全面的文献信息服务，使高校师生根据自身实际需求获取各种信息资源。

二、高校图书馆服务与管理存在的问题

（一）图书馆的网络服务功能不够完善

随着网络信息技术的广泛应用，传统的服务方式和服务内容已经不能满足读者的需求，读者更需要个性化、创新化、多样化的服务方式。目前，许多高校图书馆存在网络设备落后、网络不畅通、WiFi 不能在图书馆全覆盖等问题，导致图书馆创新服务、个性化服务、多样化服务（如网上查询、网上预约、新书通报、微信）等网络服务不能顺利开展，不能使师生及时获取图书馆最新信息，不能从海量的信息中快捷方便地获取所需信息资源。还有些高校虽然建立起了相应的图书馆网络服务系统，但是由于缺乏相应的系统技术管理人员，所以仍然无法发挥网络服务系统应有的作用。

（二）管理机制不够完善

随着信息时代的发展，管理机制直接影响着图书馆的发展，传统的管理机制已不能适应图书馆的发展。目前，许多高校图书馆缺乏激励机制、考核机制，规章制度不完善；馆员在工作中没有积极性，没有激情，工作不主动，干和不干一个样、干多干少一个样、干好干坏一个样，不能为读者提供高效的优质服务。只有通过完善管理机制，采取激励措施，完善规章制度，激发馆员的积极主动性、创新创造性，让他们充当激励要素的主角，提高服务质量，才能推动图书馆事业的发展。

（三）馆员素质有待提升

高校图书馆管理人员的自身业务素质，直接影响到其服务工作效果。目前，很多高校图书馆忽略了图书馆馆员的培训工作，认为图书馆的工作并不需要太多的工作技能，也就是图书的借还、图书的整理归架；还有些高校图书馆很大一部分管理员是照顾关系、

招入人才的家属及不能胜任教学的教师，没有专业背景，缺乏图书情报专业知识及计算机操作知识，不能为学生提供准确而全面的服务，不能指导学生在知识的海洋中获取所需的信息资源。所以在网络化、数字化及知识信息爆炸的年代，图书馆馆员一定要加强学习，不断更新知识，才能为全校师生服务。

三、新时期图书馆服务功能的转变

本节所提到的新时期主要是指信息化技术快速发展背景下图书馆的服务管理环境，在这样的环境背景下，图书馆的服务模式、服务内容等方面都发生了较大的变化，而对这些变化的清楚把握是进行图书馆服务管理工作改进的基础和前提。

（一）图书馆服务模式的变化

所谓的服务模式就是指图书馆采用何种方式来为读者提供服务，这不仅影响到广大读者的服务体验，同时也对图书馆的时代性发展具有重大的推动作用。就目前的图书馆服务模式来看，除了为读者提供相应的资料以外，还建立了学科信息的增值服务模式，即计算机系统根据读者的特定需求，对已收集的信息资源进行整合，建立专业的知识学习平台，并根据读者所制定的关键词来对专业知识进行文献资料的关联查询，降低读者获取信息资料的难度。这种建立在信息技术基础上的新型模式使图书馆的服务更加智能化和信息化，挣脱了传统服务模式中的效率和效果的束缚，满足了读者对于信息的高标准需求。

（二）图书馆服务内容的变化

信息化条件下，读者获取信息的途径得到了极大的扩展，除了通过阅读传统的图书、期刊等资料以外，还可以通过筛选互联网等多媒体上的海量信息来获得相应的内容。但是随着层出不穷的新学科、新技术门类，学科知识之间的分类日趋细化，在这样的情况下，读者的知识认知由原来的以综合性知识需求为主逐步转变为以专业性知识需求为主，换句话说就是读者当前所真正需要的是能够从某一专业的角度来对问题进行精细化分析的信息资源。因此，图书馆服务除了要做到内容丰富以外，还要满足内容的高度专业化，以满足教学和科研深入开展的需要。

四、提高图书馆服务管理的对策

（一）加强对服务管理的重视力度

在图书馆的管理中要高度重视图书馆的服务工作，将服务管理与图书专业检索查阅功能放在同等重要的位置，将服务意识融入图书馆员的日常工作当中，全面体现"读者第一"的服务思想，满足读者的信息需求。从图书馆领导到具体服务人员都需要增强读者意识，征询他们对于文献资源的需求，以及对图书馆服务的反馈信息，并对读者的需求与意见做详细的了解和分析，这样才能更好地实现图书馆服务的宗旨，增加自身的竞争力。

（二）完善图书馆服务制度

在制定制度时，要坚持"以人为本"的原则，增强服务意识，尊重读者的权利，从读者的角度制定科学合理的制度。一切以读者的需求为前提，利用科学管理手段进行资源整合。在执行制度过程中，既要了解读者的义务，又要明确读者的权利，对于读者应履行的义务要采用合理方式进行说明，对于读者的权利要给予尊重和保护。

第一，认真分析服务对象的特点，建立合理的服务制度。如高校图书馆根据学生的实际学习需求，建立专业服务指导。第二，建立有效的服务反馈制度，针对服务投诉问题，建立服务投诉应急管理流程，有效缓解读者的不满情绪，提高服务质量。第三，建立有效的服务考核制度。对服务制度的执行情况进行考核，保证服务质量的有效提高。对于服务意识欠缺的有关人员要及时进行提醒，只有在有效的激励措施下，图书馆的服务水平才能得到有效的提高。在图书馆的服务管理上还需要加大实际的服务管理投入力度，设立每月优秀员工评选机制，对服务态度较好的员工给予奖励和鼓励。第四，制定图书馆网络资源管理制度。要积极开展有效的网络服务，积极开展资源智能检索、读者需求研究、跟踪服务等一体化的动态读者服务，逐步建立智能信息检索、专业信息资源导航等系统，最大限度地提高信息资源的利用效率。努力开发馆藏信息资源，有效地组织数字化特色信息资源，逐步建立高质量的多种类型数据库。第五，依托网络开展网上导读服务。有目的、有步骤地对网络信息资源加以合理地组织，形成一个引导读者获取准确信息的导引系统，这样就能使读者在最短的时间且以最少的付出得到最为满意的结果。

（三）提高服务人员的服务管理水平

随着"互联网+"时代的到来，图书馆的馆藏模式也发生了巨大的变化，因此图书馆服务也发生了改变。图书馆员不再只是单纯地做服务工作，同时还要求有一定的管理能力。要充分发挥图书馆职能、更好地为读者服务，图书馆员要掌握较为全面的相关知识，才能在图书馆的生存与发展中发挥自己的作用。

首先，图书馆员要研究读者的变化。读者的阅读需求既是一种个人需求，也是一种社会需求，这种需求处于不断发展变化之中，因而呈现出复杂多样的状态。研究读者的变化，才能有针对性地做好为读者服务的工作。按照读者的阅读目的和对文献内容的需求，大体上可分为知识型、情报型、资料型、研究型、消遣型。还有上述两种或两种以上的类型的混合型。不同的读者需要不同的服务，而图书馆就要提供不同的个性化的服务，满足读者的需求。

其次，要创新工作方式。创新意味着打破传统的工作与管理方式，产生新的经验或思想。图书馆员在工作中要勤思考、善动脑、敢于创新、勇于开拓，适应发展新的用户需求，提供新的服务方式。图书馆员要在馆内设置宣传栏，开展新书通报活动，及时向读者介绍新购置的文献资源，以便读者借阅；介绍最新学术动态，宣传各种专业知识以及利用图书馆和文献检索知识，介绍读书方法等。图书馆员要努力使自己成为具有新观念、掌握新技术、能够运用创造性思维、与时俱进、不断取得新业绩的创新型人才。

最后，建立科学有效的图书馆人员服务培训制度。进一步完善馆员培训和教育机制，定期对馆员进行业务知识和管理知识培训，组织各种形式的讲座和学术交流，为提高馆员业务能力提供各种指导工作。在条件允许的情况下，图书馆可以组织优秀的馆员到其他优秀图书馆进行馆际之间的业务交流，使馆员能够开阔视野，拓宽工作思路，在工作中不断创新，为读者提供更优质的服务。

服务管理是图书馆管理的重要组成部分，在图书馆的管理当中要高度重视图书馆的服务管理，将服务管理与图书专业检索查阅功能放在重要的位置，全面体现读者第一的服务思想，努力提升图书馆服务水平。

五、新形势下高校图书馆服务与管理转型

（一）以理念创新为先导

新形势下，高校图书馆服务创新是由理念、制度、技术、方法等各种创新要素构成的一个复杂系统。其中，理念创新是进行其他方面创新的重要基础，正确的服务理念，能够更好地指导图书馆管理人员为高校学生提供科学的服务。首先应该坚持以人为本的服务理念，这是高校图书馆服务理念的根本。随着我国高校图书馆建设的不断完善，服务理念也应该不断地创新，把开放化服务、便利化服务、个性化服务以及泛在化嵌入式服务理念融入高校图书馆服务中。泛在化嵌入式服务指的是利用新型的图书馆信息化服务系统，为图书馆大学生提供随时随地的服务，通俗地讲，则是将传统的阵地式服务转变为移动式服务。这一服务理念符合信息化社会的发展特点，对于高校图书馆服务工作的完善有着重要的意义，也是图书馆未来发展方向。

（二）注重服务流程的完善

高校图书馆服务与管理转型要以服务流程重组为实践根本。近些年来，我国社会环境发生了巨大的变化，为了满足新形势下高校学生的学习需求，高校图书馆在服务中，必须加强业务布局和结构调整，对图书馆服务流程进行重组。传统的高校图书馆服务流程中，以直线式和纵向式为主，在新形势下，则可以建立以文献为中心的业务布局和服务流程，这一服务流程具有嵌入式的特点。与传统的单向式服务流程相比，这一流程是双向的，不再是垂直型服务，而是网状式服务，通过服务流程的重组，为高校学生提供更为人性化和高效化的图书馆服务。

（三）进一步完善图书馆的网络服务功能

图书馆网络服务功能的完善，是新形势下高校图书馆服务与管理转型的重要途径，具体而言，可以从以下三方面进行。

第一，加强图书资源的信息化建设。对现代高校而言，图书资源信息化是实现图书馆网络服务功能的重要基础。为了达到这一目的，利用现代化的计算机操作系统，实现对高校图书馆图书信息的数字化处理，满足师生利用网络服务系统高效、快捷获取所需要的图书文献资源信息的需求，不断提升图书馆的服务工作效率。

第二，加强功能保障。对高校而言，图书馆服务与转型的主要目的是更好地为师生

提供高效、快捷、方便的服务，满足大学生的学习和各项活动。因此，在图书馆网络服务功能不断完善过程中，必须加强功能保障。首先应该根据网络系统的特点，建立相应的公共云服务中心，公共云服务中心是信息技术发展的产物，主要由一组软件组成，这一组软件所构成的联合系统中，会提供相应的身份功能、图书信息资源检索功能、信息调度功能等。其次，建立 SaaS 服务平台。在这一平台的作用下，可以实现图书馆系统内的资源共享，在资源共享环境中，资源搜索范围则不仅仅局限于本校图书馆，而且此服务平台可以提供更全面、更丰富的信息资源，更好地满足师生需求。

第三，加强图书资源数据库建设。数据库建设是实现图书馆数字化、网络化、现代化的基础工作。根据本校办学方向、专业特色、科研水平及本地域社会经济文化特色，通过 Calis 特色数据库建设平台，用现代通信技术、网络技术、计算机技术和文献信息检索技术，科学、规范、有效地开发整理，通过数字化标注，构建"人无我有，人有我优"的特色数据库，为学校教学、科研提供特色化服务。

（四）加强图书馆馆员的继续教育

随着计算机网络技术日新月异，图书馆网络信息资源迅猛增长，知识更新速度加快，图书馆员的角色也发生了很大变化，从传统的管理员逐步转变为信息管理员、信息咨询员、信息传播员和网络信息导航员。随着角色的不断变化，图书馆员必须加强学习，图书馆可开展不同形式的继续教育，通过举办各种培训班、专题讲座、专家授课、知识竞赛及自学等形式，不断提高馆员计算机操作技能、网络信息管理、图书情报等专业知识，全面提高馆员素质，使其能够更好地为教学、科研服务，更好地为全校师生提供专业、高效的服务。

当今社会处于一个信息时代，新学科、新知识、新技术层出不穷，图书文献信息的存储方式、获取方式、利用方式、服务方式等也发生了很大变化。在新形势下高校图书馆的服务与管理必须转型，打破传统规则的束缚，扩展服务领域、完善网络服务功能、丰富服务内容、完善管理制度，加强图书馆员的继续教育，全面提升馆员素质，才能为师生提供更有广度和深度的服务，才能满足全校师生个性化、多样化、多层次的需求，才能快捷、高效地为师生提供优质服务，进一步推动高校图书馆事业的发展。

第五节　行政管理

所谓高校图书馆的行政管理，就是根据高校图书馆的特点以及其运作特点、规律，再经过其管理者计划、决策、控制、协调等行为，制定出合理的行政管理手段，以达到使用和发挥图书馆的信息、人力、物力等资源作用的目的，使图书馆的功能发挥到最大，更加高效地为学校师生服务。高校图书馆的行政管理不仅是整体管理的关键环节，更是图书管理和读者阅读的中间枢纽，是图书馆各项工作正常运行的重要保证。因此，做好图书馆的行政管理工作具有充分而必要的理由。

一、目前高校图书馆行政管理中存在的问题

不同的高校图书馆在行政管理中都存在一些不同的问题，只有仔细探讨总结这些问题，才能更好地找出解决措施，完善行政管理制度，提高管理水平，使图书馆的作用得到更好的发挥。目前高校图书馆的行政管理所存在的问题主要集中在以下几方面。

（一）陈旧老套的管理模式

新形势下高校学生对图书的需求加大，对图书借阅时的要求更高，然而图书馆的管理却没有随这种需求的增加而采取更有效的方式。传统的图书管理观念认为将图书整理好、保存好就是做好了图书管理工作，并且这种观念根深蒂固。管理员不注重读者的想法与感受，不进行图书借阅类型的统计，因此无法与读者进行交流，这样会对下期图书购买情况产生很大的影响，从而导致下期购买计划无法确定，不能及时更新书籍，无法追赶时代的潮流。而读者是被服务者，是图书馆一切工作顺利的基本保障者，无法满足读者的需求，慢慢地就导致流动性读者的流失，使图书馆的服务宗旨失去存在意义。

（二）馆内电子设备无法满足借阅需求

这类问题主要体现在高校内图书馆的电子设备较少或者现有设备不能很好地发挥其应有的功能。一方面，有的图书馆内电子设备有限，而书库种类繁多，其所在位置又难以确定，大部分情况需要使用计算机进行图书种类及馆藏位置的查寻，因此，在读者数量较多的时候需要排队等候查阅，增加了不必要的时间。另外，图书借阅流程中，有的书库仅使用手动记录书名代号的方式降低了图书借阅的效率。另一方面，图书馆虽然有

足够的电子设备，但图书馆内设备陈旧、时常发生故障没能得到及时检修，这种情况下无法满足全校师生的基本需求，电子设备形同虚设。有时候新设备的引进缺乏及时有效的宣传，即使设置了机器，依然有大部分师生不知道拥有设备、不知道设备的功能、不知道设备的使用方法，从而导致设备的闲置。

（三）图书馆人力资源不足或图书管理人员素质不过关

一般高校的图书馆都有大量的藏书，每天流动的图书数量庞大，图书馆建筑区域广，书库类别繁多，因此需要大量的人手每天进行图书的分类管理与维护。然而许多学校人手不足，一人分管多个书库涉及多个楼层多种类别，容易造成任务量的增多或导致书籍类别放置错误，使读者不能正确找到自己需要的数据，甚至冷门书库无人管理，师生的借阅工作不能正常进行。其次，人力资源不足造成了图书更新不及时的问题，很多资料老旧不能满足学生的学习需求，造成学生收集课外资料困难。

许多图书馆聘用馆员十分随意，有些图书管理者甚至是兼职学生，管理经验不足且课外时间分散，任务交接时容易出现差错。很多馆员只将图书馆的管理工作视为一份收入性工作，严重缺乏工作积极性与主动性，无法将工作与服务相联系结合起来。馆内缺乏技术性的专业人才，机器设备故障或基本操作无从下手，从而导致图书馆的行政管理模块的薄弱。馆员缺乏创新意识，对图书的管理方式一成不变，无法为读者提供满意的服务。

（四）经费不足或资金管理不当

众所周知，保障图书的数目和行政管理都离不开资金的支持，因此资金的管理是否合理在图书馆的行政管理中就显得尤为重要。时代逐渐发展前进，高校的专业设置也逐渐增多，同一专业也会出现不同的专业方向，使得学生需要更多更具专业性的资料来支持课程的学习；同时很多师生的兴趣爱好非常广泛，涉及图书的类别也更多，需要大量的图书来增加自己的知识量。有些高校图书馆由于经费不足难以对图书进行更新，涉及类别不够全面，导致图书馆发挥不到它应有的作用。有些高校还存在资金管理不当的问题，资金使用分配不均，传统的纸质书籍得到图书馆重视，忽略了电子图书类的发展问题。有些情况下图书馆对图书购买计划不明确，购买数目罗列不清，造成个别环节个别人从中获取利益。图书馆的一切活动都需要资金来支撑，所以资金不足或管理不善会影响图书馆的正常运行，其中也包括行政管理环节。

二、图书馆行政管理的具体要求

高校图书馆的行政管理，既要规范管理图书馆馆员的行为，又要制定出合理的行政管理制度，只有多方面综合性的管理要求才能提升图书馆的管理质量。

（一）图书馆行政管理中对馆员的要求

管理应当遵循以人为本的原则。人是最积极、最活跃的因素，对生活中的各项因素和物质资料具有掌控作用，所以只有把人管理好了，其物质资料才能发挥出最佳效益。一般情况下，人们口中所谓的管理，实际是对人的管理。所以对人管理的好坏对其工作效益有着直接影响。而对高校图书馆的工作来说，对人的管理关系到文本信息的开发利用、图书的流通、图书馆中对借阅师生的服务质量、读者通过图书获取信息和知识的便利程度。所以，作为高校图书馆的行政管理应该把对馆员的管理放在第一位，以增加其对工作的积极性和主动创造性。

图书馆内需要有专业经验的人来进行图书管理以及图书馆整体的运行。馆员的言辞与行为直接反映着本图书馆的管理程度。因此要求图书管理人员具备优良的素质和职业素养，准确记录图书借阅情况；同时遵守图书馆的管理规范，做到图书馆内不大声喧哗、阅读区内不与人攀谈等。

（二）图书馆行政管理中对制度制定的要求

如果想要做好图书馆整体行政管理的工作仅仅对馆员做出管理是不够的，行政人员必须要建立健全图书馆的各项规章制度。这些制度应该准确说明图书馆各部门员工的行为规范以及图书馆的运行方式。行政管理人员制定图书馆的规章制度应反映整个图书馆的特点和发展方向，这不仅能有效约束与限制全体馆员行为规范，而且能激励工作人员把工作努力搞好，使各项工作向预期目标顺利正常地进行，大大减轻日常的管理工作，更好地服务高校师生，从而保证图书馆的正常效益以及目标任务的实现。另外，图书馆中面对借阅师生制定的规章制度也间接体现了图书馆运行的准则和方式，保证了图书借阅的秩序，提高了图书馆的利用效率。

三、如何提高图书馆的行政管理水平

针对前文分析的图书馆行政管理体制中存在的问题以及行政管理中的具体要求，我们不难总结出提高图书馆提高行政管理水平的方式。

（一）充分提高行政管理人员的专业性

高校图书馆的行政管理人员自身的学识素养对其工作开展水平有着直接影响。要想充分提高全体馆员行政管理的专业性，馆员需要拥有丰富的管理经验，并且能够根据实际情况，将其经验和知识充分运用到实际中，并且要在实际中多次组织进行管理方面新方法、新理论、新知识的学习，掌握新现代化的技术手段。

充分提高全体馆员的素质与道德。要想充分提高全体馆员的素质与道德，就必须意识到馆员素质与道德加强的重要性，着重加强教育。首先，要把实施好馆员的学习制度放在首位，要求馆员不断学习服务、管理等方面相关知识，紧跟时代的步伐。注意全体馆员的思想、职业道德、职业操守的培养，积极宣传正确的思维方式，从而使全体馆员在潜移默化中树立正确的服务观念，升级对这份工作的看法，不再仅限于收入，学会享受工作。其次，要求高校图书馆的负责人，也就是管理者，从实际出发，结合图书馆的情况与全体员工受教育程度，做到"因材施教"，使不同特长的人才都找到最适合的岗位和工作，确保全体员工持有正确的思想态度。管理者要充分重视馆员的情感调动，注意实施某些措施，例如，有奖有罚、考核监督等，充分激动馆员的工作积极性，工作区域任务划分明确，如果出现问题要具体到哪一部门哪一个人，从而使问题得到快速处理。

（二）改善馆内环境，增强服务意识

馆内环境实际上就是读者的外借读书环境，环境的好与坏直接影响着读者的心情。是否能够营造出良好的读书环境对图书馆内读者服务质量的高低起决定作用。一个良好的读书环境，不仅能够鼓舞读者积极向上，还能陶冶读者的情操和心灵。要想做好高校图书馆的行政管理工作，就要增加对行政管理的投入，逐步优化和改善环境。由于高校图书馆建筑楼层较多，各个部分的管理设备也非常分散，因此要增加管理人手，例如，电梯、桌椅、储存柜的维护等工作，保证读书区域的空气流通；在读书区张贴标语。其中馆内的人际交往也决定着馆内环境，馆内的人际交往可以分为管理者与馆员之间、馆员与馆员之间、馆员与读者之间。管理者与馆员之间的关系处理就需要管理者融入馆员中，做馆员的知心朋友，统一认识，沟通思想。馆员与馆员的关系处理就需要管理者注意了解馆员的心理需求，将馆员的注意力转移到工作上，减少交往上的矛盾摩擦。馆员与读者的关系处理就需要管理者建立完善的管理制度。处理好馆内人际关系，建立一个愉快、融洽、和睦的人际关系环境。

（三）经费管理工作到位

高校图书馆的图书资源配置以及相关的行政管理工作都离不开经费的支撑。经费是图书馆能够正常工作的基础，可以说是图书馆的命脉。高校图书馆行政管理的经费必须要有明确的思想指导，既要维持图书馆活动的正常运行，又要保证购书的正常进行。所以在购书经费上，必须严格按预算执行，必须专款专用，杜绝挪用，要遵循采购原则，坚决抵制采购非法出版物以及质量低劣的图书，要完善采购监督体制，尽可能地避免错购、漏购、重购等情况，明确采购的数量、金额和品种。制定合理的借书还书规范，对于没有按时归还以及丢失损坏图书的行为予以一定的罚款。同时还要结合往年图书使用情况、根据读者喜爱图书的类型、借阅资料的种类等，制定出明确合理的采购方针。综上所述，图书馆要加强所有经费的科学有效的利用与管理，避免不必要的开支，只有这样资金的使用才能最大化地给高校师生带来利益。

（四）应用现代化的设备到行政管理中

随着计算机技术的发展，大学生对获取信息的速度以及质量提出了更高的要求，而获取信息的途径也更加多样化。因此要想更好地进行行政管理，就必须加强图书馆的自动化建设增加不同的业务，如电子书下载、新书推荐、文献资料在线浏览等。自动化设备关系图书馆全部工作是否可以顺利完成，是高校图书馆的重要组成部分。因此图书馆需要使用更多的电子节约设备来方便借阅流程的进行，提高借阅效率，这就需要配置和培养更加专业的人才，充分调动其积极主动性。加强网上图书查询、电子阅览室以及图书信息资源的建设，能够方便大学生查阅书籍，从而创造出现代化的阅读条件和氛围，提高学习效率。保证自动化设备的完好性和利用率，定期检查修理，充分发挥其作用，并要注意防火和防盗的工作。现代图书馆的职能得以充分发挥，以充分适应时代的发展。

在当今形势下，高校图书馆的行政管理中还存着许多弊端，但总体上，图书馆已经能够发挥出它应有的职能，成为校园文化的重要组成部分。图书馆应加强各项行政管理，不断发展创新形式的管理模式，提供更加人性化的服务，营造更加舒适的图书馆环境，这不仅有利于各高校图书馆的发展，更为高校学生的学习提供了便利，为学校的人才培养做出了贡献。

第二章　图书馆的行政管理

第一节　概述

一、行政管理

行政管理是运用国家权力对社会事务进行的一种管理活动，也可以泛指一切企业、事业单位的行政事务管理工作。行政管理系统是一类组织系统，它是社会系统的一个重要分系统。

行政管理最广泛的定义是指一切社会组织、团体对有关事务的治理、管理和执行的社会活动，同时也指国家政治目标的执行，包括立法、行政、司法等。狭义的定义指国家行政机关对社会公共事务的管理，又称为公共行政。

随着社会的发展，行政管理的对象日益广泛，包括经济建设、文化教育、市政建设、社会秩序、公共卫生、环境保护等各方面。现代行政管理多应用系统工程思想和方法，以减少人力、物力、财力和时间的支出和浪费，提高行政管理的效能和效率。

行政管理是一门科学，在《行政管理学》中，"行政管理"这一概念指的是行使国家权力的机构的管理活动，通称行政管理。它也指机关、企事业、社会团体等单位内部的管理工作。行政管理包含行政目标、决策、计划、组织、职员、经费、方法等诸多要素，具有指令性、指挥性与执行性的重要特点。

（1）一切行政活动都是直接或间接与国家权力相联系，以国家权力为基础。

（2）行政管理是根据国家法律推行政务的组织活动。在执行中又能动地参与和影响国家立法和政治决策，制定政策是行政管理的一种重要活动方式。

（3）行政管理既管理社会的公共事务，又执行阶级统治的政治职能。

（4）行政管理要讲究管理的效能和效率。它通过计划、组织、指挥、控制、协调、监督和改革等方式，最优地实现预定的国家任务，并达到应有的社会效果。

（5）行政管理是人类改造社会的实践活动的一个特定领域，有它自身发展的客观规律性。

二、图书馆的行政管理

图书馆行政管理就是遵循图书馆的自身特点及其运作规律，通过管理者采取计划、组织、决策、指挥、控制、协调、创新等行为，最大限度地发挥图书馆的人力、财力、物力、时间等资源的作用，以达到办馆的目的和最佳效益的过程。图书馆行政管理是图书馆整体管理的重要组成部分，是业务建设和读者工作的调控中枢，是全馆各项工作的重要保证。图书馆行政管理，涉及人事管理、制定和督促执行各项规章制度、经费管理、档案管理、设备管理和后勤服务等多方面。

（一）图书馆行政管理的特点

行政管理的要素是发挥人的潜能和积极因素，抑制其消极因素发展。图书馆的行政管理具有强制性、导向性和凝聚性等特点。

1. 强制性

任何一个集体都需要有统一的目标、统一的意志、统一的纪律，而要做到这些，必须依靠硬性的行政手段产生的约束力来实现。图书馆作为一个整体也需如此。但图书馆不同于其他行业，全面采取硬性管理是不行的，应根据其自身固有的特点，只能在某些方面实行一些强制性的措施，这是十分必要的，强制性的范围有不可动摇性，触犯者必须得到相应处罚。

2. 导向性

图书馆的导向管理十分重要，有时它可起到事半功倍的效果。主要包括：（1）制度导向。尽管图书馆的基本特征相似，但情况不一。外部环境、人员素质、设备状况、基础条件等差异很大，因此要根据自身条件和工作需求程度来确定一些导向措施。（2）行为导向。图书馆管理中最关键的问题是人员问题。工作的好坏、服务质量的高低，完全取决于人员的素质和工作态度。尽管每个图书馆都有强化的管理措施、严格的规章制度，但主动与被动、积极与消极必然是两种工作效果。这就要求馆领导要有一套以情感人、以理服人、以身正人、以力助人的工作作风。创造出一个宽松稳定的工作环境，使每个员工都能感受到组织的关怀和集体的温暖。

3. 凝聚性

一个单位凝聚性的强与弱，要看它自身是否具有活力，而图书馆的基本特征决定了自身活力不强。因为国家财力有限，对图书馆的投资不多，影响着图书馆的总体发展，加上社会价值取向的多元化，冲击着图书馆的管理，也给每个职工带来了不同程度的负面影响。所以，要增强自身活力，就要着力提高职工的工资水平和福利待遇。同时也要给优秀的年轻同志以适当的待遇，营造"拴心留人"的氛围。

（二）图书馆行政管理的基本内容

1. 人的管理

人是最活跃、最积极的因素，物质资料是由人掌握使用的，只有把人管好了，物质资料才能发挥最佳效益。所谓管理，归根结底是对人的管理。而人管理的好坏直接影响着工作效益的高低。如果是企业，将直接影响产品质量、经济效益。图书馆工作虽然没直接的产品质量、经济效益可影响，但它将关系文献资源的开发利用和信息时效，关系服务态度和服务质量，关系图书的流通、读者获取信息和知识。因此，图书馆行政管理应把人的管理放在首位，把充分调动人的积极性、主动性、创造性作为管理的核心。

提高全体馆员的整体素质和职业道德，充分调动其积极性、主动性和创造性，必须重视和加强职工的思想政治教育。建立健全学习制度，坚持不懈地组织职工学习政治、时事、图书馆的方针任务和它担负的社会职能。结合本馆的性质和特点，对职工进行职业道德教育，使广大职工真正树立"读者第一"的职业道德风范，自觉弘扬职业道德，树立正确的人生观、世界观、价值观，并强化服务意识，使职工懂得应忠诚人民的教育事业和文化事业，恪守职业道德，认真履行岗位职责，发扬爱党、爱国、爱馆、爱书、爱读者"五爱"和敬业、爱业、奉业"三业"精神，并把这种爱倾注到服务中去，在为读者服务的无私奉献中体现出自身的价值。管理者要善于结合本馆的情况和职工思想的实际，有的放矢地开展耐心细致的思想工作，深入群众，注重调查研究，及时了解掌握职工的思想情况，解决职工的实际困难。

2. 规章制度的制定

建立健全合理的规章制度是图书馆实行科学管理的重要依据，也是图书馆改进工作作风、提高工作效率、加强职工队伍建设的一项极其有效的措施。图书馆工作是一项学术性、业务性、服务性很强的复杂劳动。图书馆要进行科学管理，必须根据自身工作的特点和发展规律，依法治馆，制定一套行之有效的规章制度，以限制与约束人们的行为准则，保证管理沿着科学化、规范化的方向发展，使决策正确、督促有力、协调有方的管理模式得到实施，使图书馆的工作达到最佳状态，保证图书馆总任务和总目标的实现。图书馆完整的规章制度应包括馆、部、室的职责，各级管理者的权利与义务，会议制度，行政、业务及服务工作岗位要求，各岗位的工作细则、标准、条例，流通阅览、参考咨询、自动化手段规范，规章制度的行政管理和督促执行，考核、考勤奖惩办法等。健全的规章制度，是管理的有效工具。它不仅有制约作用，还有激励作用，激励工作人员努力做好工作，完成或超额完成馆里下达的工作任务。健全的规章制度使职工在工作中有章可循，也成为管理的重要依据，能使图书馆各项工作顺利地向预定目标正常运行。随着各种规章制度的不断完善，还可大大减轻日常管理工作压力，使馆领导有更多的精力和时间去思考，打开工作新局面，处理一些重点、难点问题。总之，建立健全各项规章制度，对加强本馆的管理水平，提高职工队伍的整体素质和工作效率有着不可替代的重要作用。

3. 经费管理

经费是图书馆顺利开展各项活动的支柱，是各项工作正常运转的主要条件。近年来，加大图书馆经费投入已越来越引起各级领导的重视，而且投入也在逐年递增。虽有投入的加大而无有效的管理，也会造成资金浪费和流失。随着经费投入的加大，图书馆也面临着对有限的经费如何更好地科学管理及有效使用等问题。尤其我国目前经济还不够发达，制约图书馆发展的物质因素不可能在短时间内得到解决，更加要求行政管理工作发挥主导作用，运用管理手段使有限的财力最大限度地发挥作用。众所周知，图书是图书馆开展服务的物质基础，没有图书，图书馆就没有生命力，更谈不上服务、效益和职能。因此，行政管理中的经费管理应本着统筹兼顾、轻重缓急、确保效益等原则，有明确的指导思想，既要保证购书又要优先业务建设，对每年的经费都必须合理分配、全面安排，特别是在购书经费的使用上。第一，必须专款专用。严格按预算办事，不能与正常预算经费相互挤占挪用，使有限的专款经费发挥更大效益，确保采购计划的完成。第二，必须有效地使用经费。要根据本单位的任务，专业建设、藏书结构、读者对象及本馆特色来确定当年收藏范围、收藏重点及采购原则。严把采购质量关，坚决抵制那些非法出版物、色情、凶杀及质量低劣的图书入藏，复本量要适当。第三，必须合理安排经费。结合本馆藏书结构及本馆经费状况确定采购方针，进行书刊采购的科学管理，建立适合本馆实际的藏书体系。同时要完善采购管理监督机制，重视订单的复审与新书的验收，尽可能地避免错购、重购、漏购。确保采购的金额、品种和数量。努力提高图书馆采购人员素质。对图书馆业务经费、办公费等也要进行科学管理，有效使用，严格控制不必要的开支。

4. 设备管理

自动化设备是图书馆的重要组成部分，它关系图书馆各项工作的顺利完成，也影响着图书馆的建设与发展。尤其在当今信息化、网络化的时代，加强对自动化设备的管理显得更为重要，怎样才能把设备管理好？管理核心应有两点：一是培养和配置专职设备管理员，充分调动管理人员的积极性、主动性；二是保证设备的完好率和提高设备利用率。首先要对设备进行科学化、标准化、规范化的管理。近几年来图书馆事业发展迅速，现代化建设、设施建设成绩显著。有的图书馆非常重视设备管理工作，已有了一套科学化、标准化、规范化的管理系统。但据了解，还有相当一部分图书馆还没有本馆的设备管理系统，这需要馆长们从思想上引起足够的重视。一套科学化、标准化、规范化的设备管理系统是维护图书馆正常有序工作的必要保障，也是图书馆管理软件中的重要组成部分。其次是要建立严格的设备管理制度。现代化的设备价格昂贵、种类繁多、设备精密，建立严格的管理制度，采取科学的管理方法非常有必要。做好设备管理的目的是保证设备的完好率，减少故障，延长使用寿命，充分发挥设备的作用；做好安全管理的目的是保证设备的安全操作，注意防火、防盗，一定要指定专人负责各项安全防范工作，如电子阅览室、计算机室和检索室等都须有专职人员负责系统的运行和维护，实行专人专机，做到人尽其能、物尽其用，最大限度地发挥设备的使用率和保证其完好率。

要管好用好设备，关键在人。培养一支精通计算机专业技术队伍至关重要。解决这个问题可以从三方面入手：①积极选用人才。可以从高校选拔思想素质好、基础知识牢、动手能力强的计算机专业的应届毕业生。②鼓励在职人员参加进修、培训。可以分期分批进行，进修、培训是提高专业技术人员水平的一个好途径，通过长期的进修、培训，可产生一批技术骨干，也可以做图书馆技术人才的储备。③在岗人员边干边学，在干中学，在学中干。

5. 优化环境

环境展示着每一个单位的风貌，影响着每一个人的情绪，更制约着每一项工作的开展。良好的环境，可以使一个人精神振奋，可以使一个群体士气高昂，更可以使一个单位蒸蒸日上。优化馆内读书环境，不仅可以树立起图书馆良好的整体形象，而且可以在两个文明建设中发挥作用。图书馆环境的好坏，直接影响着读者的心态，也影响着读者的数量。怎样为读者创造良好的学习环境，让成千上万的求知者在舒适的环境中认真学习，汲取精神营养，受到文明的熏陶，获得更好的学习效果，是行政后勤工作的一项重要内容，也是图书馆工作的宗旨。因此，要舍得对图书馆行政管理工作进行投入，逐步改善和优化环境。首先图书馆要营造一个健康向上的政治环境。运用橱窗、黑板报、演讲会、报告会等形式，大力宣传图书馆，重点推荐新书、好书、电子资源，及时宣传社会上和本单位的好人好事和一些先进典型，以弘扬正气。其次努力营造宽松和谐的人际环境。人际关系是在人际交往中形成和发展起来的人与人之间的心理关系，好的人际关系环境的形成，能促进各项工作的顺利开展。要想使图书馆的工作顺利开展，也要有较理想的人际关系环境。

图书馆的人际关系主要有三种，即管理者之间、管理者与工作人员之间、工作人员之间的相互关系。这些关系处理不好，必然影响工作效率和服务质量。根据图书馆女职工比较多的特点，注意了解她们的需要与心理需求，采取必要的管理措施，使她们把注意力转移到有意义的工作上，可减少人际间不必要的摩擦和矛盾，创造一个和睦、融洽、愉快的人际关系环境。

6. 办公室管理

图书馆办公室是行政管理的中枢，是综合性的管理机构，是落实领导决策，沟通上下，联络左右，协调内外，完成上级组织交办事项，保障全馆正常运行的重要部门，也是图书馆的一个"窗口""门面"。只有充分认识它的重要地位和发挥其作用，才能确保全馆行政管理工作的正常运转。办公室工作概括起来应做好三件事情：第一，参与政务。遇到全馆性中心工作，在领导决策前提供必要的信息、数据，提出可行性方案供领导选择，主动为领导出谋划策，做好超前服务。当贯彻落实领导决策后，要做好组织协调和保障工作。办公室要抓紧落实，了解在决策落实过程中的情况和意见，沟通各部门之间的密切联系，及时向领导反映汇报实施过程中的各种情况、意见。最后应综合性总结决策落实情况特别是效果，及时向上级部门报告，有的政务还应面向全馆人员通报。这样使领导有的放矢地指导工作，取得最佳工作效果。第二，管好事务。馆长的日常工作很多，要及时处理的事情也较多。这要求馆办公室的人员必须主动积极地帮助馆长办事情、干实事。办公室不仅经常处理众多的例行日常事务，还要处理各种临时性、突发性的事务，如公务接待、安全保卫检查、工作检查等。第三，做好服务。服务是贯穿办公室各项工作的主线。办公室工作人员要积极适应单位职能的转变，不断转变服务观念，把工作的重心与重点转移到为全局、为基层、为群众的服务上来。这里的服务有两方面，一是馆内的服务工作，二是馆外的服务工作。这些服务看起来是很一般的，甚至是不起眼的，但如果做不好，就会影响职工的情绪，影响全馆工作的顺利进行，有的甚至会影响图书馆队伍的稳定、团结，则影响图书馆的形象。

图书馆行政管理是图书馆整体管理的重要组成部分，是做好业务工作和读者工作的关键。

三、图书馆行政管理的基本原则

图书馆行政管理的原则是行政管理本质的反映，其实际内容和具体的表现形式，是决定行政管理工作如何进行、怎样进行的基本准则。

（一）服务性原则

图书馆行政管理的服务性原则指的就是行政管理是为本单位的各项基础业务管理提供服务的，既包括工作人员需要，又包括广大读者的需求。服务性原则，不仅贯穿行政管理过程的始终，而且贯穿行政管理的各个领域和各个环节。

1. 为图书馆业务提供服务

图书馆是一个以为读者服务为基础业务的组织，这项基础工作受诸如财力、物力的影响，工作人员的选择、培训等多种因素的影响，而行政管理工作正是可以左右这些因素的关键环节。行政管理必须秉持对业务管理服务的原则，根据业务管理的需要，有效及时地满足业务管理过程需要，促进图书馆事业的发展。

2. 为工作人员提供服务

图书馆工作人员是图书馆事业发展最活跃、最积极的因素，充分调动这部分人的积极性、主动性、创造性，使他们将爱岗敬业的精神真正地投入工作中去，才是实现图书馆事业创新发展的保证。行政管理工作的一项重要内容就是要妥善做好人力资源的管理工作。人事管理中不仅要注重提高全体馆员的职业和道德素质，而且还要努力促进馆员的工作积极性，使他们在工作中没有后顾之忧，解决好工作人员的各种合理需求，保护馆员的身心健康。这就要求行政管理者要将服务原则运用到人事管理中，要具体结合本单位的实际情况，切实了解馆员的需求，耐心细致地开展人事管理工作。

3. 为广大读者提供服务

读者是图书馆的服务对象，图书馆的所有服务和业务都是以读者为核心，围绕读者展开的。行政管理也是一样，虽然行政管理人员并不直接与读者接触，但行政管理所承担的财务、后勤等工作与图书馆的对外服务密切相关。行政管理在读者和业务管理中发挥着调解中枢作用，是读者享受各类信息服务、知识服务的保证。

（二）效率原则

所谓效率原则是在图书馆行政管理中运用最少的行政投入（包括人、财、物等），获得最大的行政产出（包括社会效益、经济效益等）。具体应从以下几方面着手。

1. 建立高效率的行政组织机构

行政管理工作需要建立高效率的行政机构，设立这种机构应该做到：一是合理设置行政机构。机构的种类、数量的多少、层次的划分、规模的大小都要从实际出发，部门之间要分工合理。二是科学地确定行政管理机构内部的人员结构。任何行政管理机构都是由若干职位构成的，根据实际需要确定行政机构内部的各种职位，按照职位配备具有相应才干的人员。三是实行定编定员。行政人员的数量应科学地设置，注重精简机构，避免人员过多，无所事事；人员过少，穷于应付，妨碍行政效率的提高。四是要不断提高行政工作人员的职业素质和道德修养。行政管理是一门科学，从事的工作对行政人员的文化素质和职业道德有较高要求，同时从事这项工作还要对图书馆的基础业务有所了解，只有这样才能适应图书馆的发展要求。

2. 建立和健全行之有效的行政工作程序

图书馆行政管理工作涉及的范围非常广，处理的问题又非常复杂，很多问题还具有专业性。因此，为了有效地执行日益复杂的行政事务，行政管理工作程序必须科学化、制度化，使行政管理工作在具体操作时做到有章可循，也使行政管理工作的考核更加便捷。

3. 健全岗位工作责任制

岗位工作责任制是提高工作效率的有力保证。图书馆应根据行政工作的性质和特点，明确划分行政责任，职责要分明、分工要详细，应有数量、质量、时间等具体指标的要求，明确政绩考察的内容，建立各项考核和奖罚制度。一旦出现问题，立即追究，让人人有动力、有压力，充分发挥人们工作的主动性和创造性，提高行政效率避免不必要的人、财、时间的浪费。

（三）整体原则

图书馆行政管理工作是一个多方面、多层次、多环节相互依赖、相互作用的有机整体。一方面，行政管理工作对图书馆基础业务具有辅助作用，为图书馆业务管理提供财力、物力的支持；另一方面，行政管理工作又决定着图书馆的发展方向，所以要求行政管理部门要积极与业务管理部门互相沟通，使行政信息协调、统一地在各部门之间运行，使业务部门与行政管理部门形成一个相互促进的整体，实现图书馆管理的目标。

第二节　办公室管理

图书馆办公室在图书馆中处于中枢地位，是落实领导决策、沟通上下、联系左右、完成上级组织交办事项、保障全馆正常运行的重要部门，也是图书馆的一个窗口。

一、图书馆办公室的职能

（一）规章制度的建设

在图书馆的日常管理当中，规章制度是图书馆有效管理的基础。因此，办公室首先要建立并不断完善馆内管理制度。在制定有关规章制度之前，应从多方面收集、整理、总结本图书馆和其他图书馆制度管理的经验，召开专门会议征求其他人员的意见，并根据当前主要问题和以后管理需要拟定制度框架。待规章制度初步建立后，相关负责人要根据形势的发展需要对规章制度的运行情况进行检查，发现不符合实际的及时改进和完善，保证制度的先进性。否则规章制度就会脱离现实工作，实用性不大。有了完善的规章制度后，就要贯彻地将相关制度落实到日常管理工作当中，因此办公室要经常深入其他工作部门检查规章制度的落实情况，保证制度的可执行性。

（二）信息收集与交流

图书馆办公室在图书馆的组织结构中处于重要位置，它向下能有效地传达馆长思想、向上能反映各部门意见和建议，是信息反馈的核心部位。办公室在日常工作中接收到的信息很多，所以信息的有效管理是图书馆日常工作的重要组成部分。如收集和整理馆内的文件和资料，形成完整的文档管理体系，方便以后资料的查询。

（三）当好馆长的参谋和助手

图书馆办公室是直接与馆长联系的职能机构，隶属馆长的直接领导，在日常工作中办公室人员应改变简单传达信息的工作态度，全面发挥馆长的参谋和助手作用。在馆长做出决策之前，要主动提供好解决方案。在提出有效实施方案后，要积极落实。平时要注意配合馆长做好日常管理工作，帮助馆长解决其他细小问题，让馆长从杂事中脱离出来，集中精力抓好宏观管理。

（四）公关和协调工作

图书馆在正常的运转过程中，各个部门之间常常会出现各种各样的矛盾，需要办公室去协调和解决，以避免矛盾的激化。办公室管理人员不但要熟悉图书馆日常行政管理事务，而且要充分了解其他部门的业务运行情况，随时掌握图书馆的运行规律，这样办公室在全面协调、解决各种矛盾的过程中才能找到重点，最终有效地解决矛盾，使图书馆各部门和谐共存，将图书馆的整体效益发挥到最大限度。另外，随着图书馆对外开放的程度越来越高，各高校图书馆之间、图书馆与社会之间的联系和协作也在不断加强，因此图书馆办公室人员应具有专业的公共关系知识，充分运用各种公关技巧，参与内外的交流合作。

（五）财务与后勤管理

办公室是图书馆的后勤管理部门，它负责图书馆日常运行中的经费使用、物资供应、设备管理和固定资产管理等工作，为其他部门的正常运行提供强有力的后勤保障。在图书馆日常运行经费的管理中，办公室要协助馆长根据实际需求制订有效的经费使用方案，根据实际情况合理使用经费。在物资材料的供应上，图书馆办公室要根据工作要求及时购买相关物资，保证物资的正常供应，并做好物资采购过程中的相关账目，保证账目清晰。在设备设施的维护上，办公室做好日常设备的保养，指导其他部门正确地使用相关设施设备，发现设备不足的部门要及时申请采购。在固定资产的管理上，办公室要合理规划图书馆的空间使用情况，美化图书馆环境，创造良好的阅读环境。

二、图书馆办公室工作的性质和任务

办公室除与行政机关其他部门一样具有服务、辅助、执行、管理等特征外，还有自己鲜明的、独有的特性。办公室工作最基本的特征，政治性很强。办公室工作人员在领导者身边工作，并在辅助领导决策等各项工作中发挥重要作用。办公室工作的综合性是区别于其他职能部门的另一基本特征，办公室是协助领导者协调其他各个职能部门的工作，办理涉及全局性的事务，并且协助领导者对各职能部门的工作进行监督和检查。办公室工作的重要性，主要体现在它通过各种方式和途径，协助领导者管理全局，保证全局工作的正常运转，而不在于它分管了哪件工作，完成了哪项具体业务。

图书馆办公室工作的基本任务概括地说就是参与政务、管理事务、做好服务，把这些任务归类又可分为日常性工作、综合协调工作、辅助决策工作和领导者临时交办的工作。日常性工作主要包括公文处理、会议工作、信息处理、机关事务管理、印章管理、文书档案工作、信访工作、机要保密工作、公关工作。这些日常工作，表面看来是收收发发，但它是办公室的基础工作，处理日常工作的能力是办公室工作人员的基本功。综合协调工作主要包括工作任务的协调、管理事务的协调、协调领导机构内部的关系。有时，领导者虽然觉察到这些问题或矛盾，但由于工作繁忙等主观或客观原因而未能及时解决。此时，若办公室工作人员能从中疏通，问题也就能解决了。至于领导者之间因沟通不充分而出现的问题，只要办公室工作人员及时地向他们提供有关情况，使他们每个人的思想或意见，都为其他领导者所了解，问题也就迎刃而解了。办公室工作一般是通过协商、调解、催办的方式进行。辅助决策工作主要包括协助进行调查研究，在掌握情况、收集信息后，提出或协同有关职能部门提出一个或几个决策方案，供领导机关、领导者决策时参考，选择、承担决策事务，协助领导机关实施决策和检查决策的执行情况。领导者临时交办的工作，不分昼夜，也不论节假日，领导者随时都可能交代下来，带有突然性，事先很难估计到，没有什么规律可言。办公室及其工作人员把领导临时交办的工作处理好了，领导者就可以腾出更多的时间、集中更多的精力总揽全局，考虑本单位的大政方针。

三、图书馆办公室工作的作用

办公室工作的性质、任务，决定了它在全局工作中发挥着重要作用：首先，辅助领导决策和处理问题的参谋作用。办公室是领导机构的综合管理机构，对领导决策来说，办公室应是最主要的辅助部门，办公室工作人员应是最得力的助手。其次，沟通上下、协调左右、联结内外的枢纽作用。全局工作能否顺利进行，取决于各个职能部门能否互相沟通、彼此配合，取决于它们的目标是否一致、行动是否统一。办公室的枢纽作用就发挥出来了，领导与各部门之间、部门与部门之间的联系沟通了，关系理顺了，事情也就好办了。再次，协助领导管理信息的耳目作用。领导的决策是否准确无误，指挥系统是否顺畅健全，关键在于信息的传递与反馈是否全面、准确、及时、灵敏与适用。办公室或办公室工作人员为领导者服务，重要的一条是要管理各种信息，为他们的决策及处理其他工作提供依据，并在决策的执行中，将执行情况、成绩、经验及存在问题等及时向领导者反馈。最后，协助领导者管理日常工作的助手作用。办公室为领导者服务，就要充分发挥助手作用，积极、主动地协助他们处理好各种工作或事务。同时贯彻落实各种决策，完成各种任务的检查督促。办公室是一个管理部门，理应协助领导机构、领导者对全局工作进行宏观控制。

四、图书馆办公室的管理

（一）解决冲突能力

办公室是一个综合行政部门，面对的工作对象很复杂，既有内部（上级、下级、平级）又有对外（同行、校内、校外），工作中有冲突是必然的，图书馆办公室常见的冲突是在执行本职工作时与各部、室之间发生的矛盾和角色未被认同的被动局面，以及与各部、室间的工作任务、职责分工之间发生的冲突。解决冲突的一条主要策略是让冲突双方共同审视存在的分歧和矛盾，找出冲突中需要解决的具体问题，而后找出解决途径。

（二）规范管理

办公室应以"以变应变"的管理理念指导工作，只有办公室工作规范化、程序化、制度化，分工明确，职、权、责统一，相互尊重、相互信任、有效沟通，才能提高工作效率。现在提倡学习型社会、学习型组织，我们图书馆办公室应成为学习型办公室，不断学习专业知识和科学文化知识，完善自我，不断提升自我发展，博学笃行、与时俱进、以变应变。

（三）管理的科学化和现代化

图书馆办公室管理需要围绕人性展开，给予其他各部室使命感、成就感，同时图书馆办公室管理还需科学化和现代化。科学化体现在规范化、程序化、制度化上。现代化体现在信息处理电脑化、通信设备电子化、公文处理电脑化、打字印刷电脑化上。日常性工作繁杂琐碎，若管理不善，极易造成混乱，只有把管理工作抓上去，使每项工作都制度化、规范化，才能做到忙而不乱、有条不紊。

第三节　档案管理

一、图书馆档案

（一）档案的概念

档案是国家机构、社会组织和个人在社会活动中形成，保存备案的文字、图像、声音及其他各种形式的原始记录。档案管理主要包括两方面的内容：一是对档案资源的管理，也称档案实体管理；二是对档案中所包含的信息的管理，称档案信息管理。档案实体管理包括档案的收集、整理、鉴定、保管等。

通过档案资源建设来建立科学合理的资源体系，是对管理中各项工作记录的科学合理的管理，同时也是档案现代化管理的基础。

档案信息组织是对档案中包含的信息内容进行揭示、加工和存储，形成二次文献，便于档案信息的开发和利用，它为管理工作服务并对促进管理工作的改进提供第一手材料。

（二）图书馆档案

图书馆档案就是指图书馆及其工作人员在各项工作活动中产生并归档保存下来，且具有查考价值的材料。其内容十分丰富，主要包括文件（上级文件、馆内文件）、规划计划、报告批复、工作人员的基本情况、科研成果记载、年度工作总结、考核评估、业务工作、馆舍情况等，真实地记录了图书馆每一个时期的基本状况，揭示图书馆发展轨迹，所以档案管理是图书馆管理工作的组成部分，也是社会文化的一部分。它为图书馆向更高层次的发展提供真实可靠的基础。

就图书馆而言，档案管理是管理工作的一部分，也是图书馆各项管理工作的组成部分，如设备管理档案是设备管理的一部分，人事档案是人事管理的一部分，行政管理档案是行政管理的一部分，技术档案是技术设备管理的一部分。档案管理工作包含信息的输入、存储、加工、输出这样一个信息传输过程，是一种信息控制系统。因为档案具有原始记录性的特点，所以档案管理具有档案资源积累过程的缓慢性，和档案管理活动对档案形成者的依附性及档案管理工作对社会的相对保密性。

二、图书馆档案管理

（一）图书馆档案管理的范围

从图书馆的管理和业务流程来看，档案工作主要包括图书经费档案、财产档案、人事档案、文书档案、文献采购档案、读者档案、借阅档案、文献典藏档案、情报交流档案和课题跟踪档案等。

1. 图书馆的管理档案

图书馆的管理档案有：①图书经费档案，主要是指图书馆经费的来源、数量、增减速度、分配去向等。②财产档案，主要是指图书馆财产的名称、数量、状况、增减与处所等。③人事档案，主要是指图书馆的人员结构、数量、职称、学历、培训与工资等。④文件档案，主要指图书馆内外往来的文件。

2. 图书馆的业务档案

图书馆的业务档案有：①文献采购档案，主要指各类文献采购的名称、数量、价格、渠道等。做好此项工作，可以有效地提高文献采购质量。②读者档案，主要是读者的姓名、职业、年龄、专业、爱好等，特别是一些重点读者档案的建立。这样，图书馆就可以根据读者的特点和需求，提供有针对性的服务。③借阅档案，主要指文献的借阅种类、借阅数量、借阅时间、读者结构等。做好此项工作，可以了解读者的阅读倾向、各类文献的利用率和配置比例等，进而更好地满足读者的需求。④文献典藏档案，主要指各类文献的名称、数量、收藏处所、剔除情况等。⑤情报交流档案，主要指情报交换单位、情报交换种类和数量等。建立此种档案，可以建立稳定的馆际情报交换关系，弥补文献的不足。⑥课题跟踪档案，主要指研究课题名称、内容进展、文献情报需求、课题前沿动态和情报分析报告等。建立此类档案，主要是对重要研究课题进行跟踪，以便更好地为研究人员提供情报服务。

（二）图书馆档案的分级管理

图书馆分三级档案管理体系。第一级管理：一个单位工作情况开展得如何，与单位领导的重视程度有直接关系。馆领导的重视是档案工作得以顺利开展的根本保障。因此，馆领导应亲自主抓并参与档案体系的建设工作，不仅要随时提供领导级档案材料，而且更要在人力、物力、财力方面给予档案工作大力支持和帮助。第二级管理：由专职档案员负责全馆档案的管理工作。它继承了传统档案管理模式，即办公室文书模式，但不同的是档案员是专职负责全馆档案的收集、整理、归档工作。他向上直接对馆长负责，执行馆长决策；向下对基层档案员布置工作，听取基层意见和建议，将馆长决策及时传达，将基层意见及时反馈。第三级管理：由于图书馆工作的特殊性，决定了档案工作并非办公室一个部门力所能及的，图书馆各部门有其相对独立的业务范围、工作活动，这就要求各部门分设自己独立的兼职档案管理员，同时图书馆工会、共青团组织、党支部也作为基层档案归档部门，向专职档案员负责，及时准确地提交归档材料，如此形成了档案管理体系的最基层管理。出于工作便利考虑，第三级兼职档案员通常是由各部室主任、工会主席、共青团书记、党支部书记担当，负责本业务范围内档案材料的整理上报工作。图书馆三级档案管理体系的创建是图书馆档案建设的前提和基础。

第四节　规章制度

图书馆组织机构的有效运转，有赖于图书馆规章制度的维系。图书馆规章制度是合理组织图书馆工作，充分发挥图书馆职能的保证，它是图书馆实行有效而科学的管理的依据和准绳。因此，制定健全、完善的规章制度是图书馆管理工作的一项重要内容。

一、图书馆规章制度的作用

规章制度是图书馆工作人员和读者都必须共同遵守并维护具有法规性质的工作条例、章程、规则、细则和办法等。没有规矩，不成方圆。图书馆管理实践证明，要提高图书馆的科学管理水平，必须加强规章制度的建设。一个图书馆工作效益的大小、工作秩序的好坏，都与是否认真建立和严格执行各种规章制度有着直接关系。其作用主要体现在以下几方面。

（一）规章制度是依法治馆的重要手段

依法治馆是图书馆管理最基本的指导思想。从根本上说，图书馆管理工作必须依据国家和政府部门颁布的相关法规行事。若无法可依，则难于管理。如果不从法律上保护图书馆管理工作的方向并提供人、财、物等资源的保障，管理工作必将陷入盲目性和被动境地，从而导致工作一片混乱。由此看来，制定图书馆法规对图书馆建设和管理是必须且必要的。但图书馆法规只能管总的方面，对于具体的图书馆业务、行政工作的管理，还需依据相应的规章制度。

图书馆规章制度以图书馆政策、法规为基础，是图书馆法规、条例的明确规定和实施细则，是对图书馆各种具体的行政、业务工作规范和标准的具体规定，是图书馆政策、法规的具体化。它作为一馆的管理法规，具有较强的法律性质和权威性，是依法治馆的重要手段，是实现有效而科学管理的基础和准绳。规章制度所涉及的人员（包括读者）必须执行有关规定，不得违反，否则将承担某种责任。这是法规强制性的一种体现，能起到监督作用。同时，对执行者也起着规范作用，它告诉执行者应该怎样做才符合要求，这就成为一种规范。它是使管理工作走上统一化、标准化的重要条件之一，是法规严肃性的一种体现。现今，健全、完善的规章制度对于图书馆管理显得更为必要。

（二）规章制度是图书馆规律和经验的总结

所谓规章制度是指已经为广大图书馆工作者长期工作实践证明了的，符合或基本符合图书馆事业和图书馆工作规律的经验，经过进一步总结、提高，最后由有关领导部门批准而赋予法律意义的条文。严密、科学的规章制度体现出人们在实践中积累起来的成功经验，或者可以说，规章制度是经验的法定化、条例化和规范化。人们正是在长期的实践中，根据自己的切身感受加以概括和提炼而形成各种条文，形成各种规章制度的具体内容。同时，规章制度的不断修订和完善，也反映出人们对图书馆工作认识不断深化。

图书馆规章制度是图书馆工作实践经验的概括和总结。它服务于图书馆工作实践，指导图书馆工作按照客观规律进行；同时，还要受图书馆工作实践的检验，需随着图书馆工作的开展和认识的深化，不断修改、完善和提高。人们应当根据客观情况的变化及时地检查规章制度，发现确实不合理的或者有弊病的就应坚决地加以改革。在改革规章制度时，要严格划分合理的制度与不合理的制度、正确的制度与错误的制度。图书馆业务工作有很强的积累性、持续性和连续性，尤其是业务操作技术方面的规章制度，更要保持最大限度的稳定性和规格化，应尽量减少和避免不是十分必要的变动。对于必须要改革的规章制度，破了必须要立，最好是先立后破，边立边破，以防青黄不接，难以为继，使管理工作发生混乱。

（三）规章制度是人们行为和工作秩序的准则

规章制度对图书馆行政、业务工作的标准、规范做了明确的规定。它将图书馆工作的过程、方法和物质保证加以规范化、制度化，使图书馆行政、业务工作有了统一的规范和标准。严密、科学的规章制度应当揭示图书馆提倡什么、反对什么、约束什么，使图书馆的管理者和使用者都按照规章制度办事，保证工作正常有序地进行，成为图书馆科学管理的准则和依据。

图书馆犹如一部机器，管理则是开动机器，这需要一个操作规则。作为经验法律化、规范化、制度化的规章制度，就如同一个操作规则。它是清除管理工作中的混乱现象、正确处理图书馆机构的内外关系、发挥群众创造性与积极性、提高服务质量、保证工作顺利进行的重要手段，也是人们共同行动的准则。人们认真遵守这些规定，就能使工作有条不紊地开展起来；如果无章可循，无法可依，工作就很难正常进行，也很难保证一致。比如，图书馆要做好采购工作，就不能不制定采购原则和标准，不能不规定采购的复本数，不能不规定购书的审批权限。如果没有这些规定，采购人员随心所欲地采购书刊，就不能保证采购质量。此外，有了规章制度，还可以培养图书馆工作人员遵守纪律的良好习惯，对增强组织性也是一种益处。

二、图书馆规章制度的种类和内容

图书馆规章制度种类繁多、内容广泛，涉及图书馆工作的各个领域，可以从不同角度进行划分。

（一）按规章制度的适用范围划分

1. 适用于整个图书馆行业的规章制度

这类规章制度具有普遍适用性与宏观指导性，一般由国家政府部门（如国务院）制定、发布。例如，1950年5月中央人民政府颁发的《禁止珍贵文物图书出口暂行办法》，1957年9月国务院批准的《全国图书协调方案》，1981年10月国务院批准的《图书、档案、资料专业干部业务职称暂行规定》等等。

2. 适用于某一系统图书馆的规章制度

这类规章制度一般由国务院各部委在本部门的权限内制定和发布，适用于某一系统图书馆。例如，1982年12月文化部颁发的《省（自治区、市）图书馆工作条例》，1987

年1月中科院颁布的《中国科学院文献情报工作暂行条例》，1987年7月国家教委颁发的《普通高等学校图书馆规程》，1991年8月由国家教委颁发的《中小学图书馆规程》等等。

3. 适用于某一地区图书馆的规章制度

这类规章制度适用于某一具体的图书馆，一般由地方各级人民政府及所属的主管图书馆的机构制定、发布。如1996年11月上海市人民政府发布的《上海市公共图书馆管理办法》。

4. 适用于某一图书馆的规章制度

这类规章制度适用于某一地区的图书馆，一般由图书馆根据国家的图书馆政策、法规或上级授权自行制定并经上级批准发布。如北京图书馆业务工作规范、北京图书馆第一线工作人员举止和语言规范、华东师范大学图书馆期刊典藏工作细则、贵州省图书馆行政管理制度、南开大学图书馆工作人员考核试行办法等。

（二）按规章制度的内容性质分

1. 图书馆综合性规章制度

主要指图书馆全面的规章制度，包括行政、业务、政治思想等方面的内容，是图书馆工作的总纲领。它对图书馆的性质、方针、任务、领导体制、机构设置与分工、文献资源的管理与利用、用户服务、建筑设备、经费、人员管理及馆际协调等问题进行了全面的规定。

2. 图书馆行政管理制度

图书馆行政管理制度主要包括：①图书馆组织管理制度。主要规定图书馆管理机构、业务部门、网络机构的设置原则、部门名称、工作任务、职责范围、隶属关系、处理问题的权限以及人员编制等。②图书馆岗位责任制。主要规定各部门的职责、岗位职责、工作要求、考核和奖励办法等。③图书馆人员管理制度。主要规定图书馆人员管理的基本原则、各类人员的选择聘用、教育、考核、提升与奖惩制度等。④图书馆业务技术职称评审聘用制度。主要规定根据有关业务技术职称评审和聘用的法规，结合具体情况，规定业务技术职称考核方法、评审机构的组成、评审程序与聘用办法等。⑤图书馆建筑与物资设备的管理与使用制度。主要规定了图书馆馆舍、职工住宅的分配使用、维修的原则与办法，图书馆物资设备的购置、保管、维修、使用的原则与办法等。⑥图书馆经费的管理与使用制度。主要规定图书馆经费管理与使用的原则、筹措经费的方法、经费控制的方法、各类经费（文献资料购置费、工资福利费、设备费、行政费）所占的比例、经费分配与使用的批准权限、审核制度等。⑦图书馆行政管理制度。主要规定图书馆计划、总结、会议、工作、学习、休假、考勤、文书档案、劳动保护、计划生育、后勤管理等制度。⑧图书馆安全保卫制度。在保证图书馆开放、方便读者的原则下，制定图书馆防火、防盗、门卫、夜间与节假日值班巡视制度。⑨图书馆统计制度。主要规定图书馆的统计范围、原始数据与资料收集积累、统计报表、统计单位、统计方法及统计人员的职权和责任等制度。

3.图书馆业务管理规章制度

图书馆业务管理规章制度主要包括以下几方面。一是图书馆业务技术标准。主要有文献入藏标准、登记标准、编目标准、目录组织标准、读者服务标准以及数据库建设标准等。它是图书馆工作人员业务活动的行动准则。二是业务技术规程。业务技术规程是图书馆为执行技术标准，维护图书馆工作有秩序地进行，提高工作效率，保证质量，为图书馆业务人员的工作所做的具体规定。如对文献采购流程、文献流通流程、参考咨询流程的环节和技术操作要求等做出规定。三是图书馆业务管理规章制度。具体内容为：①文献资料的入藏制度。主要规定入藏原则，采购标准，订购、征集、交换的方式，验收和登记方法，以及采购人员的职责与要求。②文献资料的分类规则。主要规定图书分类法的使用规则、分类的程序与方法、分类的质量要求、分类人员的职责等。③文献资料编目规则。主要规定采用的著录条例、使用统一著录条例的补充规定和说明、编目的程序与方法、编目工作的质量要求、编目人员的职责等。④目录组织规则。主要规定本馆的目录体系与结构、目录的组织方法与管理办法以及机读目录所采用的标准与格式等。⑤书刊阅览与外借规则。主要规定图书的服务对象、服务范围、书刊资料开放范围、阅览室的设置与管理办法、书刊外借办法、计算机使用与维护办法、借书过期罚款与丢失损坏书刊赔偿办法等。⑥书库管理规则。主要规定保存本书库、基藏书库、辅助书库、特藏书库的划分与管理、主要书刊排架、出入库登记、书刊剔旧、清点、安全防范、藏书的生物化学保护等。

第三章 图书馆管理与信息整合

第一节 现代信息技术的有机整合

目前,我国在信息技术方面已取得了突破性进展,这对于传统图书资源管理产生了巨大的影响。信息化推动着图书馆管理不断创新发展,国内一些图书馆在自身资源管理工作中逐步开始应用信息化技术,以此提升图书馆的服务水平和能力。信息化对于图书馆管理工作来讲,是一种机遇,也是一种挑战。在信息时代背景下,以何种姿态迎接未知挑战,把握机遇,成为当前图书馆管理和发展中值得思考的问题。

一、信息技术为现代图书馆管理工作带来的机遇

在信息时代背景下,图书馆管理工作面临着极大机遇,这主要体现在:信息技术应用于图书馆管理工作中时,可以提高我国图书馆的共享资源技术和水平,使其适应信息时代的要求,让读者更迅速、便捷地获取信息资源。

在图书馆管理工作中引入信息化技术已成为当前时代发展的潮流,该技术的应用能全面推进我国图书馆事业的发展。图书馆为使用者提供的信息量很大,因此对信息资源服务的效率有较高的要求标准,信息技术有传播迅速的特点,将其应用在图书馆管理工作中,可以收获令人满意的效果。

二、图书管理和信息技术有机结合的方法

要想在根本上提升图书馆管理水平,就必须将信息技术与图书馆管理进行全面结合,而要想做到这一点,就要改进先前的结合方式,推进图书馆管理工作发展,尽最大可能满足使用者对管理工作的服务需要。

逐步创建和完善图书馆馆间资源共享和信息服务系统。图书馆内文献存储量非常可

观，完成上述工作，不但能够全面扩充原有资源量，同时对于信息共享创新发展也有着非常重要的意义。

将现代信息技术应用在图书馆管理工作中，也应注意创建、完善馆内资源和信息查询系统。完成这项工作后，使用者可以更快查询到有用信息，可以最大限度地提升图书馆管理的水平。

以创建与完善图书馆馆间资源为基准，全面推行图书馆馆间资源互借服务，全面满足当代图书馆使用者的需要，推进图书馆事业发展。

创建新的服务部门和团队。随着科学技术的不断发展，图书馆在专业分工方面也比以往更为细致，其机构设置必须在真正意义上做到以读者为核心，尽量向专业化方向发展，把现有图书馆中读者服务部门进一步分化，并在其中设立一些具有特色的主题部门，真正意义上做到令读者满意。

建立信息化人才队伍。在创建学习型组织的同时，要以网络信息环境下工作人员基本素质培训工作为核心，在图书馆内建立起高素质的人才队伍，除了进行精细筛选之外，要对其进行个性化岗位培训，使用有效方式，吸引高素质人才加入图书馆管理队伍中，建立起高效的服务队伍。

综上所述，在信息化时代背景下，图书馆管理面临着较大的机遇和挑战。也正因如此，在如今的图书馆管理工作中，一定要做好信息技术在相关图书馆服务管理工作中的应用，使用有效方式，将两者有机结合，这对提高现有图书馆管理和服务水准来讲，有着非常重要的实际意义。

第二节　信息资源的整合及发展

一、网络环境下图书馆信息资源整合及发展

新时期，网络技术日新月异，以迅雷不及掩耳之势颠覆着人们信息交流的模式。网络技术以其多元化、公众化、个性化与交互性等特点，为现代图书馆进行科学服务，为推介各类知识与信息提供科学的交流平台。网络环境下，公共图书馆应该利用新媒体技术，完善与读者之间的沟通，积极发挥公共图书馆的馆藏信息优势，充分运用有效的网络数据资源，重新运用网络技术的新功能，整合图书馆信息资源，为公共图书馆开展公

共文化服务提供科学的交流空间。

现代网络技术的不断发展，使数字图书馆的发展趋势更加明显。信息资源整合的内涵与外延由浅入深地快速发展，也使现代图书馆工作者在网络时代面临着新的机遇与挑战。因此，科学制订图书馆信息资源整合的发展规划，对于提升公共图书馆事业的科学发展水平，保障公众的基本公共文化权益，助推公共文化事业的发展，具有十分重要的意义。因此，如何实现图书馆信息资源整合的可持续发展战略目标，已成为现代图书馆发展中亟须解决的重要问题。

（一）网络环境下进行图书馆信息资源整合的意义

网络技术的日新月异为现代图书馆的合作与交流提供了极其强大的技术支持与保障，促进了现代图书馆信息资源共享与整合的科学发展，使依托强有力的文献传递网络建立的文献资源共享体系能够满足广大用户的网络需求，不仅可以向用户展示中华民族的历史与文化，而且可以让文献资源走出国门，实现文献信息资源的社会效益，实现文献信息资源的全球化共享。

与传统图书馆相比，无论是在服务模式上，还是在管理方法上，现代图书馆都有更加广阔的开发前景。现代网络技术的快速发展为现代图书馆注入了新的活力与生机，使信息资源的共享在现代图书馆中得以实现。在信息时代，图书馆员的工作角色与工作方法正发生着翻天覆地的变化，图书馆员已不再是被动地为读者提供图书与资料，也不再是传统模式的保存与传递文献资料，而是现代信息的管理者与指引者。现代图书馆员的主要工作任务就是将不同载体与不同类别的信息进行优化组合，为读者提供他们需要的知识与资料信息，提高信息资源的利用率。

（二）网络环境下信息资源整合存在的问题

面对网络技术的快速发展，如果现代图书馆要最大限度地满足读者的信息需要，不但要保存丰富多彩的图书馆馆藏信息资源，还要保证有条不紊地运用图书馆馆藏信息资源。然而，现代图书馆丰富多彩的信息资源也会给用户在信息资源的利用上带来新的问题，这些问题主要表现在以下几方面。

1. 信息检索不科学

由于信息检索的方法各异，导致各信息系统所需要的技术环节也各不相同，因此，检索页面的设计也存在差异性。读者在获取有关信息时，必须通过繁琐的检索页面，这就要求读者一定要掌握各种查询方法,增加了信息查询与检索的复杂性。

2. 信息查询的效率低

为了获取比较全面的信息,读者有时需要在每一个信息系统中都进行查询或检索,而每一个信息系统之间又没有信息共享和信息传输所需要的界面,因此,导致读者信息查询的效率比较低。

3. 信息的查准率不高、查全率受限

因为信息资源的来源不同,导致读者查询的信息重复率过高,极大地影响了信息资源的查准率。同时,千差万别的信息资源发布在不同的载体上,因为载体的形式不同,导致其发布的信息资源之间缺乏科学的联系,降低了信息资源的查重率。

4. 图书馆藏书的重复订购率较高

近年来,各地图书馆不但存在重复订购的问题,而且各图书馆为了建设实体资源与虚拟资源的复合性藏书体系,使图书馆馆藏文献的重复率迅速上升,既导致数据库之间资源的重复率上升,也导致数据库与文献实体之间的重复率上升。另外,重复订购还表现为电子文献和馆藏文献之间的重复、区域性馆和非区域性馆之间的馆藏文献重复、各个图书馆之间的电子文献和馆藏文献的重复等。因此,在网络环境下,数字化信息资源、馆藏文献资源、非文献资源的比例与配备等也是比较突出的现实问题。

以上问题的存在,说明目前信息资源整合问题已经刻不容缓。通过信息资源的科学整合,加强信息资源的科学化和有序化,完善信息检索模式与检索界面的科学性,广大读者能够方便快捷地查询到自己所需要的信息资源,从而提高现代图书馆信息资源的利用率。

(三)网络环境下图书馆信息资源整合的对策研究

1. 进一步丰富文献资源与数字资源

公共图书馆应建设有特色的网络文献信息收藏体系,进一步丰富文献资源与数字资源,将公共图书馆打造成为文化信息资源的收藏中心,以数字图书馆建设为基础,全力推动图书馆智能化建设,积极探索和运用"互联网+"技术,全面提高图书馆运用信息化技术的能力与水平;进一步推动文化信息资源建设工程、数字图书馆推广工程与公共电子阅览室建设计划及数字文化工程建设;进一步推动图书馆联盟建设工作,在全国公共图书馆系统形成"以强带弱，密切联动"的图书馆网络联盟格局。

2. 加强图书馆信息资源的深度加工

图书馆资源的组织加工是对信息资源的一种整合，其成果是一种资源的知识展现形式。在大数据环境中，图书馆员必须与时俱进，力求在数字图书馆的内部资源与外部资源之间建立语义关联，构建面向全社会的信息资源数字图书馆组织结构。

一方面，数字图书馆应转变信息资源建设理念，在文献等传统信息资源的基础上科学拓展网络信息、实时信息与时事信息资源。只有不断丰富图书馆信息资源，才能科学推动现代图书馆的信息资源建设；另一方面，图书馆要结合网络时代的关键词特征，使读者在搜索引擎进行信息查询的过程中，能够科学运用数字图书馆的信息资源，科学优化现代数字图书馆的信息技术处理能力。

总之，数字图书馆必须运用信息分析能力。在网络时代，信息已成为一种有价值的财富，只有科学运用数字分析技术，才能提高信息资源的利用率，才能有助于数字图书馆的创新发展。

3. 围绕转型升级，推动图书馆事业的发展

在服务理念上，图书馆要顺应数字化、网络化的时代要求，从"以资源为中心"的服务模式向"以需求为中心"的服务模式转变，提高服务效率，实现服务效率的最大化；建立复合多元结构的资源体系，满足读者个性化与深层次的需求，将信息资源建设重心从偏重纸质资源向纸质资源与数字资源并重、传统数字资源与原生数字资源并重的方向转变，建立切实可行的符合现代图书馆转型发展的信息资源保障体系。

图书馆在做好纸质文献借阅的传统服务模式的基础上，应科学发挥现代图书馆在信息资源整合、开发与挖掘等方面的优势，加快向"服务内容知识化、服务方式集成化、服务手段智能化"等新型方式转型，进一步完善数字图书馆信息资源服务平台，不断提高移动数字服务的能力与水平，建立图书馆创新转型服务的新平台。

4. 坚持需求导向，提高图书馆信息资源建设水平

图书馆的具体做法有：①以建设现代图书馆信息资源库为己任。科学整合各学科与各类型的信息资源，满足不同层次、不同年龄与不同职业的读者的大众需求，建立科学的信息资源保障体系。②加强公共图书馆文献信息资源建设。创建"用户需求"驱动的文献信息资源建设的新模式，根据服务对象的需求创新文献采购策略，从而保障读者对传统文献阅读的个性化需求。③加强图书馆数字库资源建设。科学调整纸质文献与数字

信息资源的使用结构，在信息资源购置经费增加的前提下，进一步提高数字资源采购经费的比例。④加强与各级图书馆之间的交流与合作，遵循图书馆信息资源共享的原则，科学开展现代图书馆信息资源整合的建设工作。⑤科学运用网络技术对各种载体与类型多样的文献信息资源进行深度揭示，提高文献信息的组织效率。⑥进一步建立纸质资源与信息资源相结合、传统借阅与新媒体服务相结合的服务模式。⑦利用网络技术，实时开展信息采集、挖掘与处理，为各类信息服务系统提供数据输入，提高信息服务的层次与深度。

5. 提高现代图书馆信息化运用能力

图书馆的具体做法有：①加强现代图书馆软硬件建设，加快图书馆综合建设平台的建设。图书馆应完善自助借还设备的功能，为读者提供24小时的自助借阅服务系统，同时提升手机图书馆的信息服务功能。②打造数字图书馆推广与整合工程的展示平台。图书馆应在综合阅览大厅放置LED显示屏、触摸阅读机、音像设备等，为广大读者提供愉悦的阅读氛围。③加强图书馆信息系统的保障建设。图书馆要加强信息安全监控体系，防止有害网络信息的传播，确保现代图书馆信息资源与服务的安全性。④提高读者管理能力。网络技术的日新月异，呼唤图书馆员要根据信息时代的特点，整合新的读者接触点，而不要留恋传统的服务空间与服务场所。发展策略应该从传统的藏书中心转化为读者服务中心，为读者提供多种渠道、多种模式的愉悦读书体验。同时，现代图书馆要了解新时期读者的阅读心理与动机，关注读者的业务需求与信息服务需求等。⑤提高营销管理能力。网络时代，现代图书馆的营销管理可以借助大数据平台，对读者的信息行为、个人情况、搜索模式与借阅记录进行跟踪分析与了解，进而有的放矢地对读者进行个性化的信息营销服务，将完善的信息产品及时送到目标读者手中。⑥提高图书馆工作人员的信息素养。网络时代，提高图书馆工作人员的信息素养势在必行。图书馆要建立全员培训的长效机制，结合互联网发展的新要求，加强针对全馆职工的信息技术培训，加强图书馆专业、管理专业、计算机专业、古籍整理专业、重点文化工程等重点业务培训。⑦建立切实可行的信息资源整合的科学途径与方法。图书馆应通过网络的联机编目、网络科学订购与网络公关检索，在网络中实现文献信息资源的科学整合，让图书馆工作的重点放在图书馆网络资源的科学配置上。为了避免馆藏文献的重复，图书馆要建立权威的全国公共书库的统一目录系统，建立对国家经济发展具有重要意义的专业数据库体系，建立全国统一的一次文献与二次文献数据库系统，建立切实可行的各级各区域的文献信息资源的科学整合，建立以网络为依托的全国性的统一公共书刊目录，发挥网络文献信息的快速传递作用。

网络时代，图书馆进行信息资源整合是大势所趋。图书馆工作人员不但要具备数据的理解与分析能力，而且要对大数据技术具有深层次的把握与应用能力，特别是大数据应用于现代图书馆方面的关键技术。此外，科学运用大数据分析工具与软件，全面整合新的图书馆信息网络资源也势在必行。

网络时代，图书馆工作人员还要与时俱进地探索与积累我国数字图书馆建设的实践经验，不断提高图书馆工作人员的信息素养，继续提升数字图书馆的综合实力与服务效率，为广大读者提供丰富多彩的文化信息服务，分享世界各地的文化与不同专业的科学成果，从而实现我国数字图书馆"跨越式"的大发展。

二、高校图书馆信息资源整合与协调发展

（一）传统信息资源的整合

随着网格技术、云计算等技术的兴起，图书馆藏书受到很大冲击，但由于传统馆藏资源的基础较强与读者的阅读习惯，使传统信息资源与数字信息资源并存。传统信息资源的整合主要体现在馆藏结构与配置方面。

1. 一个理想的馆藏结构应满足以下条件

①有利于提高藏书利用率，充分发挥馆藏文献的效益，通过对藏书的划分与组织，使这一情报源达到有序化，从而使藏书得到有效的开发与利用。②使藏书适应不同读者的需要，便于读者找到他们所需要的书刊资料。如贵州大学图书馆设置有新书专架，方便读者查找最新的图书资料。③便于图书馆工作人员熟悉和研究藏书，开展灵活、迅速、周到的服务。④有利于充分利用图书馆的有效面积，节约书库和阅览室的空间。有利于藏书的保管，延长书刊的使用寿命。如贵州大学图书馆已实现浏览一体化，即在书库靠窗处安放阅览桌，方便读者找书和阅读，节省空间，又可避免阳光直接照射书架，导致图书老化，使全开架图书最大限度地为读者服务。

2. 合理的馆藏配置决定服务质量

合理的馆藏配置有：①数量上的配置，包括存量和增量配置，也就是对现有信息资源和新开发出的信息资源进行配置，它是由学科文献资源的出版状态和读者需求情况两

个因素决定的。②时间和空间上的配置。时间上,对馆藏信息资源在过去、现在和未来三种时态上进行配置。日常管理上,体现为对文献的更新、整架和有效安排上,并强调秩序。空间上,因读者需求与分布格局的差异,应对馆藏结构进行科学合理划分,利用馆藏信息资源在不同部门和不同地区的分布,做好针对性服务,使读者便捷获取,提高服务效率。③在配置中进行优化组合。优化组合的目的在于满足读者的教学科研所需。通过调查研究、分析协商,确定选书选刊范围,进行特定结构调整,并按数量、时间和空间等因素配置相应的服务信息平台。例如,贵州大学在原有的基础上于1997年和2004年分别把贵州农学院和贵州工业大学合并,成为集文、理、农、工等为一体的综合性211大学,因此,馆藏结构也发生了变化,图书的配置就要重新平衡和调整。

(二)数字信息资源的整合

数字化时代的发展决定了数字信息资源的建设将逐渐成为图书馆馆藏建设的核心,为了去伪存真、淘汰过时信息、清除垃圾信息、避免重复浪费资源、使读者方便获取与利用、更好地为教学与科研服务,高校图书馆的数字信息资源整合也日益显得重要起来。

1. 数字信息资源整合的含义

数字信息资源整合是数字信息资源优化组合的一种存在状态,是在符合一定条件的前提下,将相对独立的数字信息资源实现无缝连接,进而产生一种新的知识组织方法,重新构成一个新的效能更好、效率更高的数字信息资源体系,其整合程度直接到关系数字资源能否被高效吸收与利用。

2. 数字信息资源整合的目的

数字信息资源整合的目的有:①数字信息资源的特点就是载体的数字化和内容的数字化。数字信息资源的快速增长及其海量存储使它内容丰富庞杂、交叉重复,对用户的选择与获取产生了直接影响,造成效率低下。高校图书馆通过对数字信息资源的整合,研发提供良好的选择工具和获取渠道,帮助读者顺利选择和获取数字信息资源,体现出图书馆数字信息资源建设的内在生存价值和社会意义。②数字信息资源的急速增长和存储,造成读者获取的资源泥沙俱下、良莠不齐,有精华也有糟粕。许多数据库为了全面收录,在资源系统中录入了大量价值不高的信息,干扰了用户对信息的获取。数字信息资源的整合可以减少信息资源的混乱程度,解决冗余信息所带来的浪费存储空间、浪费用户时间和精力的现实问题,尽力做到去伪存真。③数字信息资源知识模块条割状态导致知识关联程度低。知识本身是一个紧密联系的有机整体，而现在数据资源系统内的数据大都是孤立存在的，不能体现内在联系，给用户的信息检索和获取全文造成不便。数字信息资源的整合可以建立起各数字资源间的有机联系，为用户排除障碍，疏通信息渠道，以统一的界面向用户提供服务。④数字信息资源的整合，可以节约社会信息活动的总成本，提高整个社会信息活动的效率。

（三）数字信息资源整合的方式

1. 以目录形式进行整合

图书馆数字信息资源随着数量和规模的迅猛增长，形式丰富多样。一本图书，不仅有光盘、磁带、音视频资料，而且还有电子版、网络版，同时还有数字化的虚拟形态。为了将这样相同和相关主题信息资源汇合连接，必须通过编目和著录，为用户提供统一、简单透明的目录。

2. 对信息检索方式进行整合

图书馆对数字资源进行整合，必须利用统一的界面向用户提供一站式浏览与检索，让用户以最快速度找到自己所需的信息资源，因此，对各类资源检索方式进行整合就非常重要。

（1）数据库之间检索方式的统一。针对各种光盘数据库、网络数据库、自建数据库在内容上有重复、检索界面不统一、检索方式各异的现象，开发新的系统，提供给用户一个统一的检索平台，用户只需进行一次检索，就能实现对馆藏各数据库的交叉检索，并且由系统自动对命中结果进行查重处理，节省了读者时间，提高了数字资源的利用率，实现信息的增值服务。

（2）实体资源与虚拟资源检索方式的整合。高校图书馆实体资源与虚拟资源是相互依存又相互区别的信息资源，两者构成了馆藏信息资源的总和，将长期并存。由于高校图书馆馆藏实体资源与虚拟资源缺乏统一规划和整合，所以在整合过程中既要充实馆藏实体资源，又要加强馆藏虚拟资源的引进。连接将传统的书目资源系统与数字资源的检索整合系统进行，形成一种全新的信息资源组织体系，为读者提供检索服务。

（3）利用资源导航进行数字信息资源的整合。资源导航是对数字信息资源进行管理，从数据库或文献类型方面进行分类、描述，提供链接和检索等相关服务。根据数字资源类型不同，建立电子期刊、电子报纸、会议论文集等不同的资源导航库，提供按信息资源名、关键词、资源标志等获取资源的途径。资源导航系统有顺字浏览功能、分类浏览功能、关键词检索功能，能够帮助读者迅速找到信息资源，并利用超文本链接提供检索入口，对该资源进行目录或全文检索。

（四）加强高校图书馆信息资源的协调发展

1. 加强传统信息资源与数字信息资源的优势互补

由于读者对传统信息资源与数字信息资源都有所需求，因此，高校图书馆必须要有超前的数字化意识，在积极做好数字信息资源整合和服务的同时，珍惜传统信息资源，充分发挥其作用，避免只注重对数字信息资源的建设，而轻视对传统信息资源的投入和服务。在两者交融的基础上，对传统信息资源和数字信息资源进行整合，形成两种主体信息资源的优势互补，搭建起高校图书馆的信息资源保障体系。

2. 加强传统信息资源与数字信息资源的合理配置

信息资源的建设是图书馆整体建设发展的核心。传统信息资源与数字信息资源的结构、配置与质量协调一致，对适应学校教学与科研的需要具有非常重要的意义。例如，贵州大学图书馆现在馆藏图书 379.86 万册，在丰富传统信息资源的同时积极推进数字化资源建设，拥有电子图书 133 万册，中外文电子文献数据库 18 个（包含 CNKI、维普、万方等 9 个中文全文数据库，以及 Elsevier SODS、Springer、ACM 等 9 个外文全文数据库），初步形成了传统信息资源与数字信息资源收藏结构合理、应用广泛的馆藏布局。目前，新图书馆已落成，建筑面积达 59539 平方米，阅览座位数达 8000 个，贵州大学图书馆正向着更高的目标迈进。

3. 加强高校图书馆之间信息资源的共享

高校图书馆要实现信息资源共享，必须要拥有一个功能齐全、完善的信息资源管理系统和管理机制，以便及时、准确地为读者提供信息资源服务。建议采取以下措施：①建立高校图书馆信息资源共享联盟。加强高校图书馆之间的沟通与合作，共建信息资源共享的有效机制，为高校图书馆信息资源共享提供良好环境。②根据各高校图书馆的定位和特色，建立丰富多样的信息资源体系。③利用先进的信息技术，加强信息资源的整合。通过信息资源管理系统，实现真正意义上的信息资源共享。④健全与完善相关的法规保障机制和信息安全保障机制。⑤加强信息人才的培养，为高校图书馆信息资源共享服务。

总之，高校图书馆的信息资源整合与协调发展就是要对信息资源建设进行全面权衡，做好整体规划。根据学校整体目标以及学科建设、教学与科研等特点，对传统信息资源与数字信息资源两种主体资源进行整合，使其协调发展，避免重复建设，做到相互适应、有机配合、优势互补。还要加强图书馆之间的合作，互通有无，为资源共建共享做出应有的贡献，最大程度地为教学科研服务。

第三节　纸质图书与电子图书整合

目前我国信息科学技术呈现快速发展的趋势，使得当前高校师生的阅读也发生了相应的转变，科研人员以及学习者对于图书资源的获取渠道也不断扩大。为了更好地适应新时代社会的发展以及读者的实际需要，当前高校图书馆需要进一步扩大电子图书的总体数量，此外电子图书也是衡量高校图书馆现代化水平的重要参考依据。电子运营商为高校图书馆提供了充足的电子图书，有的高校也直接通过采用运营商的图书管理系统为读者提供相关流通服务。但是当前纸质图书都是通过具体的分类进行编目，经过购买后才会依次录入图书馆的信息管理系统中，为读者提供相应的流通服务。所以当前高校都是实行纸质图书与电子图书分离的流通服务模式。

一、纸质图书与电子图书流通服务中存在的问题分析

（一）纸质图书馆和电子图书馆脱节

现阶段我国科学技术发展较快，在电子图书出版的过程中，技术人员会将纸质图书排版为电子图书稿件，然后通过电子文稿，印刷出相应的图书。相关出版机构会同时保障纸质和电子文稿的两种版权，但是在实际出版的过程中都是以图书出版为主要业务，电子图书得不到重视。

当前电子图书的出版都是由相关商业公司介入后，获得了相应的出版权才能够实现。但是这样会导致出版方与书籍制作单位之间联系中断，导致纸质与电子图书不能同步印刷，导致资源出现浪费以及管理分配不均匀。

（二）在检索和利用等环节的脱节

当前大多数高校都是通过相关的管理信息系统来对纸质图书实现信息化的管理，然后通过数据格式模式实现图书的分类编排工作，从而更好地辅助目录查询检索。电子图

书与纸质图书在目录查询编排过程中存在着一定的差异,不将目录进行全面整合,会使纸质图书与电子图书之间的管理系统相互分离,对于图书查找以及信息检索的利用效率具有一定的影响。当读者在图书查找过程中进入图书馆信息系统时,通过链接目录以及电子图书进行查找时,会大幅度延长读者信息查询时间,查询的结果也不太理想。

(三)图书管理结构不合理

当前高校图书馆的实际藏书量是衡量图书馆综合实力的重要参考依据。图书馆在实际管理过程中的众多问题就容易产生纸质图书与电子图书之间不能有效整合流通的情况。纸质图书与电子图书之间有较多的内容是相互重复的,从而使图书馆资源出现了浪费,以及占据有效的馆藏空间。大量购买一类或是无实际价值的纸质读书不能满足读者的需求,收藏价值高以及有特色的图书又会增加图书馆的成本。

二、高校图书馆纸质图书与电子图书整合流通的措施

当前要想更好地实现纸质图书与电子图书之间的整合流通服务,首先就需要改善两种图书服务之间的脱节现象。要更好地处理此类问题,可以从以下三方面进行探讨:首先,要加强国家信息化工程建设。其次,要处理好出版商与开发商之间的联系。最后,要加强高校图书馆层面的有效管理。

(一)加强国家信息化工程建设

现阶段要想全面实现纸质图书馆与电子图书之间的整合流通,不是单个图书馆就能完成的工作,需要从根本上建设发展国家信息化工程。将二者的有效连接整合作为长远的发展计划,成立具体的部门进行技术设计引导,在必要的环节要投入相应的资金量,以保障各项工作的有序开展。此外图书馆还需要紧密联系图书发行商以及系统开发商,通过协同工作促使各项工作的效率有效提升。

(二)出版商与系统开发商之间的联系

当前高校图书馆图书的出版发行商以及系统的开发商是图书馆各项服务以及综合技术的提供者,对高校图书馆的流通服务具有重要的作用。但是现行图书馆的管理方式导致资源分散浪费以及实际供应不足等,也是实现整合流通服务的主要限制性因素。所以当前想要更好地实现电子图书与纸质图书之间的整合流通,扩大资源的实际利用程度,

在图书发行生产的过程中，出版商与系统开发商之间要相互沟通协调，对书籍的内容进行优化组合，使内容更好地统一，避免出现资源浪费分散的情况。此外，在进行文献检索过程中，电子图书与纸质图书需要采取相同标准的著录方式，进而实现检索的同步和统一化。

（三）高校图书馆的实际管理层面

当前高校图书馆不论是电子图书还是纸质图书，自身存在的价值就是为读者提供相关的阅读服务。需要二者的相互配合，才能更好地实现图书的整合流通。所以当前高校图书馆需要建立完善的馆藏数据库，根据自身发展的现状对图书馆馆藏结构以及综合管理结构进行有效调整。

高校图书馆需要根据当前图书分类编排模式，将电子图书与纸质图书进行有效编目，在目录数据部分要设置相关条目，从而更便于读者进行文件检索。在文件上标注出具体的文献载体模式，建立起完善的电子数据库。电子图书与纸质图书之间各有优缺点，纸质图书不受相关阅读设备的影响，且收藏以及阅读价值较高。所以当前高校图书馆在设计图书馆馆藏结构时需要综合考虑各方面的因素。在实际购入图书时，需要考虑到读者的需求以及图书的实际价值，要适量购入收藏价值高以及文学价值高、有意义的图书。

此外，与纸质图书相比，电子图书也具有无法替代的优势。比如，电子图书的阅读不受空间环境的限制，对文献的搜索更加便捷，且价格也较为便宜，无须到图书馆进行借阅就能获取全书。所以当前高校图书馆也要更加重视电子图书的实际购买，使得纸质图书与电子图书之间的结构达成合理化的标准，将各类图书自身的价值扩大化。此外高校图书馆还需要从读者自身的角度出发，选取借阅量较大的图书，以及各类考试应用书籍，尽可能减少网络免费电子书的购入。

总而言之，当前高校纸质图书与电子图书的整合流通是图书馆运行发展的重要方面，要加快资源信息化系统建设，协调发行商与系统开发商之间的资源交流，建立全面检索、发行等一体化的服务系统，从而更好地为广大读者提供更优质的阅读流通环境。

第四节　信息资源整合与服务模式创新

在网络信息技术高速发展的当今社会，云计算技术随着网络的发展逐渐被应用到各行各业中，对我国社会建设和经济的发展产生了极其重要的影响。而基于云计算技术的应用，对图书馆在探索数字化建设过程中的资源整合和服务工作进行了研究，希望可以借助资源整合和服务模式的创新探寻新的发展道路，在新时期激烈的市场竞争中获胜。本节从云计算环境影响下数字图书馆的信息整合工作入手，对创新数字图书馆服务模式的措施进行了适当的分析，希望能够为云计算环境下数字图书馆的良好发展提供相应的技术支持。

一、云计算影响下数字图书馆的信息资源整合工作

云计算是一种较为先进的技术手段，合理应用云计算技术可以对资源进行有效的整合，使资源的存储量得到进一步提升。将云计算技术应用到数字图书馆的建设过程中，图书资源能够得到最大化的应用，图书馆的馆藏量也必然会有所提升。因此新时期要想促进数字图书馆事业的持续稳定发展，就应该进一步加强对云计算技术的应用，探索相应的信息资源整合措施，为云计算环境下数字图书馆的良好发展提供相应的保障。一般来说，云计算背景下对数字图书馆信息资源的整合包含以下几方面的内容。

首先，对数据的整合。数据整合是云计算背景下数字图书馆进行信息资源整合的重要方面，只有保证数据整合质量才能够为信息资源的整合奠定基础。简单地说，数据整合就是将不同的分散数据库进行有效融合，从本质上将其转变为新的数据管理系统，实现对多数据下的共同点进行适当的提取和归纳，能够促使数字图书馆中的数据库实现系统化发展。

其次，对信息系统的整合。在应用云计算技术对数字图书馆的信息资源进行有效整合的过程中需要保证对信息系统整合的效果，即在多个数据库的情况下，不同数据库应该使用相应的信息系统，保证信息系统的契合性。在云计算模式下对这些新系统进行有效整合则能够建立一个多元化的、可以供多种数据库共同使用的系统，数据库中的框架和结构也可以实现高度的统一，为用户的使用提供良好的条件。

最后，对用户检索方式进行合理整合。信息技术的发展和在图书馆中的应用促使客

户的需求也发生了一定的变化，数字图书馆在对用户检索方式进行整合的过程中应该结合用户的不同需求对检索方式进行合理创新，增强用户信息检索的精准性，满足不同用户的实际需求，提升客户的满意度。

这样，借助多方面的信息资源整合，在云计算背景下数字图书馆就能够获得一定的发展优势，吸引更多的读者，为图书馆在新时期的良性发展奠定相应的群众基础。

二、云计算环境下对数字图书馆服务模式的合理创新

对信息资源进行合理整合的主要目的是逐步提升图书馆为读者提供信息服务的质量，进而逐步增强图书馆的竞争力，促使图书馆在新时期获得更为稳定的发展。因此在云计算背景下，基于对云计算技术的应用，数字图书馆应该结合本馆服务对象的实际情况积极探索多元化的服务模式，对服务模式进行合理创新，保证本馆服务工作可以获得读者群体的广泛认同，促使图书馆在云计算环境下真正实现持续稳定发展。

（一）全方位用户交互服务

在云计算环境下用户对信息技术的应用能力逐渐增强，开始将交互式信息服务作为自主获取相关信息的重要方式，并且更为关注在接受服务过程中交互性的设计，希望信息能够以双向互动的方式在信息提供者和用户之间进行广泛的传播。而基于对云计算技术的合理应用，数字图书馆可以借助云计算技术所创造的统一虚拟平台，为用户提供无障碍的信息借阅和查询服务，使用户可以随时随地找到所需资源和图书馆管理人员，保证用户的需求能够得到充分的满足。同时，基于双向互动模式的应用，图书馆管理人员能够发现用户，并结合用户的信息需求情况对资源流向进行实时分析，进而与用户实现良好的交互，将用户隐性的知识转变为显性的体系，为教育教学质量的全面进步提供相应的保障。此外，在实际应用云计算技术的过程中，由于云图书馆具有一定的开放性和用户参与性特征，因此数字图书馆实质上也可以为用户提供一定的信息推送服务。以Web2.0服务方式为例，在实际应用云计算技术后，图书馆就可以借助对信息资源的整合和社交网络的联合，借助自动化的信息处理和网络分工逐步提升数字图书馆数字资源的实际服务质量，真正通过全面的交互促进图书馆服务水平的进一步提升，为新时期数字图书馆的良好发展提供坚实的保障。

（二）精准的智能信息检索服务

在数字图书馆应用云计算技术构建本地区内数据仓库对馆藏资源进行有效整合的过程中，对数据挖掘技术的探索和实践能够在一定程度上增强信息检索的智能化程度，进而借助动态内容方面的搜索引擎，实现对互联网中相关信息的深度挖掘，为用户提供主动分析、设计和改造的个性化资源服务，对资源服务机制进行全面完善。同时为了进一步提升数字图书馆信息检索服务的精准度，在应用云计算技术对检索系统进行适当完善后，在用户输入有待检索的信息后，系统能够结合用户的关键词自动搜索、权衡并准确判断出用户所需资源，在这一过程中系统借助复杂的计算和认知推理，能够保证答案的针对性和精确性，用户的检索效率可以得到进一步提升，对数字图书馆整体服务水平的提升产生相应的积极影响。

（三）一体化的综合信息服务

云计算技术的应用和云计算环境的构建在一定程度上对数字图书馆的信息服务提出了更高的要求，希望数字图书馆可以实现用户的统一认证，并且对经过统一认证的用户发放数字证书，作为在网络中唯一用来识别用户身份的凭据。基于此，在凭借云计算技术全面了解用户群体的信息服务需求后，数字图书馆在实际发展过程中可以结合异构数据库整合构建统一性的检索平台，让用户能够在多个平台上完成统一的查找和借阅，有效提升数字图书馆的信息服务质量。同时，借助对统一性检索平台的构建，不仅用户所获取的信息更为全面，而且受到信息全面性的影响，读者对图书馆资源的利用率得到进一步提升，对我国图书馆事业的良好发展也会产生相应的积极影响。所以新时期基于云计算技术的应用在对数字图书馆信息资源服务模式进行创新的过程中可以尝试提供一体化的综合信息服务，为图书馆的健康稳定发展提供相应的支持。

综上所述，云计算背景下数字图书馆积极探索信息资源的整合和对图书馆服务模式的创新是数字图书馆的必然发展趋势，数字图书馆在实际建设过程中只有把握云计算技术的应用优势，合理探索信息资源整合和创新服务模式的措施，才能够在新时期满足读者多样化的服务需求，才能真正获得读者群体的认可，实现更好的发展，为我国图书馆事业建设贡献一定的力量。

三、"互联网+"数字图书馆资源整合模式

"互联网+"代表一种新的信息时代常态,并推动着一种新型互联网思维模式的演进。其过程更是一种传统产业不断升级、转型的过程。"互联网+"推动着社会各产业与互联网技术的融合,其动力来源于大数据、云计算、移动互联网络等。"互联网+"数字图书馆的资源整合内涵即是云计算、移动互联网、大数据等信息技术与数字图书馆的深度融合,并助力信息资源整合全过程,打造优化组合、利于检索、知识性高的资源整合模式。"互联网+"环境下的数字图书馆资源整合模式主要有基于OPAC的资源整合模式、基于异构数据库的资源整合模式、基于超链接的资源整合模式以及基于知识本体的资源整合模式。

(一)基于OPAC的资源整合模式

OPAC(Online Public Access Catalogue)联机公共检索目录,是数字图书馆最基本的信息检索途径。基于OPAC的信息资源整合就是以OPAC系统中的各类数字资源对象、类目及其相互之间的功能结构关系为基础,对数据资源进行加工、整合、分类、类聚,并通过这一过程,以数据资源为基础,产生一个向文献全文、文摘、类目、图像、音视频等各类信息资源扩展的全方位、立体化的资源体系。其整合优势在于以OPAC系统为基础,使整个资源整合过程依托于数字图书馆管理系统,从而具有很好的系统资源基础,以及集成的系统架构。并且,在资源整合的过程中,基于OPAC的资源整合模式将"实体资源"与"虚拟资源"融于一体,构建OPAC整合模式的一站式检索系统,将数字图书馆中分散多样的信息资源整合到一体化的书目数据库中,形成方便快捷的整合型OPAC资源检索平台,如此,既给用户检索信息带来便利,又提高了数字化信息资源的使用价值及利用率。同时,基于OPAC的资源整合模式以Z39.50协议为基础,运用Open URL技术,对书目、文摘、全文实现可视化的、从资源内容到用户检索界面的全方位资源整合;并利用SFX、hook机制实现服务器链接功能,进而扩展本地数字图书馆资源的信息检索范围,实现异构资源的无缝链接,并与其他数字图书馆的OPAC检索系统互联,构建异构互检操作平台,实现数字图书馆OPAC资源的全面整合,最大限度地满足信息用户的一站式信息检索体验。

那么,随着"互联网+"成为热点,数字图书馆在这一新的信息技术环境下,云计算、移动互联网、大数据技术的广泛应用,给优化OPAC资源整合模式带来了更强的技

术支持。推动基于 OPAC 资源整合功能的改进与创新,"云"与"端"的资源利用,无论是 OPAC 上的云登录还是云搜索,都将为用户呈现一种"云"模式下的 OPAC 整合架构中的一站式完美体验。例如,清华同方、知网推出的 TPI 数字资源整合平台系统,完全兼容 MARC 标准、支持 Z39.50 协议、支持 XML 文件格式,支持统一认证和单点登录,再加上移动互联网的技术支持,基于移动终端的 OPAC Web,更可以让用户体验足不出户的一站式检索。这些都完美验证了"互联网+"对数字图书馆资源整合模式的优化支持作用,当然,进一步的优化还在继续。

(二)基于跨库检索的资源整合模式

跨库检索平台是指用户在一个检索系统界面上检索信息时,检索对象是针对多个同构或异构数据库,开展同一检索平台检索的过程,此过程称为跨库检索,这一平台也称为统一检索平台,它不仅可以完成一站式信息检索,检索出分布在多个数字图书馆或多个数据库系统中的资源信息,又能完成检索结果的集成,并统一可视化地展示在用户的检索界面上。其显著优点是在整个检索过程中,读者用户只需登录一次,就可以实现系统化、一体化的数字图书馆整合资源的全方位检索功能,既方便快捷,又大大提高了资源的利用率。

而"互联网+"技术支持下,数字图书馆重点是对检索界面和异构数据库进行一站式系统整合,通过概率相关计算模型及向量检索设计模型对数字图书馆一次、二次、三次信息进行资源整合,目的是构建统一的检索平台,在这种一站式的检索系统中,实现异构数据的跨库无缝对接。例如,中国高等教育文献保障系统(CALIS)的特色数据库群,建立在可独立运行的各个特色数据库基础上,既具有可分布检索的功能,又是一个基于集中式元数据库的特色资源库中心门户,让用户只需一次检索,即可从所见数据库中获得所需信息。目前,云计算和移动终端的技术发展,无论是资源存储、信息检索,还是终端界面都是基于跨库检索资源整合模式的强大后盾,并促使整合过程更加优化。

(三)基于超链接的资源整合模式

基于超链接的信息资源整合模式,是利用互联网的超文本特性,通过超文本链接机制,将存在于异构资源系统中的信息实体及信息实体基本属性间的内在关系整合起来,组成一个有机的信息资源网络,以满足读者用户的一站式高效检索需求。其资源整合过程的优势在于,这一资源整合模式采用超文本链接技术,能够从多种关系中进行定位和链接整合数字图书馆的网络信息资源。而在"互联网+"环境下，云存储和大数据技术日益成熟，基于超链接的资源整合模式的优势则更加突出。云计算的"SaaS"及大数据的数据挖掘、知识发现技术也都是很好的超链接资源整合模式的支持技术。例如，数据库公司万方作为一个综合的数据资源整合平台，采用云图的方式直观地揭示当前的关注热点，使检索内容一目了然，用户在云图上检索能够清楚地了解研究热点。可以说，在"互联网+"技术的推动下，基于超链接的资源整合模式在数字图书馆资源整合事业中将有更加突出的作用，为数字图书馆提供最佳的信息资源整合效果。

（四）基于知识本体的资源整合模式

知识本体的核心是对概念及概念间的相互关系进行描述与揭示，是一种对领域知识进行规范化的抽象与描述的工具和方法，是面向领域的通用概念模型。其本体概念关系类型主要包括领域知识本体、通用知识本体、应用知识本体和元知识本体。基于知识本体的资源整合模式就是基于领域知识本体、通用知识本体、应用知识本体和元知识本体等本体形式开展从资源概念、语义层对数字图书馆资源进行知识性整合，实现资源知识规范的抽象与描述，以达到数字图书馆资源的知识共享和重用。

相对于上述三种资源整合模式，基于知识本体的资源整合模式是一种基于语义层的、更加知识化的资源整合模式，它是有利于数字图书馆数字资源整合向知识整合方向发展的一种整合模式。随着"互联网+"环境的发展，云存储、移动终端、大数据分析技术等对于资源整合向知识整合发展起到超强的辅助作用。基于知识本体的资源整合模式必将大大提高信息存储的知识含量，增强数字图书馆资源的知识价值，从而提高信息检索的效能。

"互联网+"代表着一个新的信息技术环境的演进，"互联网+"数字图书馆，也必然会支持优化数字图书馆的资源整合过程，改进和创新原有的信息资源整合模式，使"互联网+"环境下云计算、移动互联网、大数据等技术支持的数字图书馆资源整合模式更有利于数字图书馆信息服务能力的提升，以及提高数字图书馆资源利用率和用户满意度。

第五节　网络开放学术信息资源整合建设

网络学术信息资源的广泛应用是网络和信息技术对学术领域全面渗透的结果，它补充并延伸了传统的学术信息交流，并和传统学术信息交流共同构成了一种复合式的学术信息交流环境。它不仅是对传统的学术交流体系的重大变革，而且对学术思想的发展和学术研究的重要性也日益突出，显示出强大的生命力。然而由于网络学术信息资源出版的分散性，以及数字信息资源的易拷贝、易扩散等特点造成信息重复率高，无序性突出。与此同时，网上的学术信息资源缺乏统一的管理和描述规范，因此用户在方便获取大量信息的同时也增加了人工选择的难度，尤其是科研用户想要检索到切实有用的信息资源需要付出很大精力，这就大大影响了网上学术信息资源的利用效率。基于现实情况，了解网络开放学术信息资源的概况，分析网络开放学术资源整合建设的必要性，提出其整合建设的政策措施，对推动网络开放学术信息资源的开发和建设具有十分重要的意义。

一、网络开放学术信息资源概念界定

谈到网络开放学术信息资源就不得不说网络信息资源，网络信息资源是指通过计算机网络可以利用的各种信息资源的总和，具体是指所有以电子数据形式把文字、图像、声音、动画等多种形式的信息存储在光、磁等非纸介质的载体中，并通过网络通信、计算机或终端等方式再现出来的资源。网络开放学术信息资源是网络信息资源的组成部分，但笔者界定的网络开放学术信息资源应该称之为狭义的网络开放学术信息资源，因为本节所探讨的网络开放学术信息资源不包括专门学术机构、学术组织开发的商业性电子期刊、电子图书及各类数据库，而专指人们借助于网络平台，将各自的学术思想、学术成果等经网络汇聚并在开放的环境中进行讨论、交流的学术活动中产生的信息资源。这种网络学术信息资源是完全免费且通过网络能够自由获取的，其形式多样，包括开放获取资源、学术博客、学者个人主页、学科专业论坛、学科专业网站、网络免费会议文献、学术新闻等。

现在学术界对网络开放学术信息资源整合建设的研究逐渐增多，尤其是对 OA（Open Access）资源整合的研究，无论是高校图书馆、公共图书馆、专业图书馆抑或是个人都不同程度地对 OA 资源整合进行研究且将其付诸实践，扩充并丰富了自己的馆藏资源。个别单位对学术新闻、会议资源等也有不同程度的整合建设。比如，中科院国家科学图书馆的"科技新闻聚合服务系统"以及在建的"重要会议开放资源采集与服务系统"，都是对网络免费学术信息资源整合建设的典型案例。然而对其他类型的开放学术信息资源整合建设实例却很鲜见，这在一定程度上影响了网络学术交流的顺畅进行，在现在开放的环境下，对类型各异的网络开放学术信息资源进行整合建设，对丰富学术交流环境大有裨益。

二、网络开放学术信息资源整合建设的必要性分析

（一）用户多样性信息的需求

随着网络的发展和普及，广大的科研用户获取信息的渠道不再仅仅限于图书馆等信息服务机构，而是更多地转向互联网。科研主体主要有高校教师、科研院所的研究人员等，他们一般都是集教学和科研为一身并承担着不同学科领域的专业教学和专题研究任务，他们需要了解和掌握本学科、本专业、本专题领域的现状和发展趋势，并时刻关注着科学发展的最新动态和前沿成果，所以他们迫切需要利用方便、快捷、丰富的网络学术信息资源获取各种动态性、系统性和综合性的学术信息。在新形势下互联网已经成为各科研人员获取信息的主要途径，但互联网上学术信息资源纷繁复杂，给科研人员检索运用带来很大不便，基于这一现实整合网络开放学术信息资源系统是满足其需求之策。

（二）OA免费资源的兴起

开放获取（Open Access）是一种学术信息自由共享的理念和出版机制，在这种出版模式下，学术成果可以无障碍地进行传播，任何科研人员可以在任何地点和任何时间不受经济状况的影响自由免费地获取和使用学术资源。目前开放获取运动已得到广大科研用户的承认和青睐，无论是国内还是国外都在积极推动开放获取运动的发展。可以说OA运动的发展为我国网络学术交流提供了一个发展契机，人们在获取OA资源的同时，开始关注其他网上免费学术信息资源，同时也激发了人们对其他网络学术信息资源开发和利用的热情，并且在理论和实践上积极行动。

（三）网络资源长期保存的需要

网络信息资源是我们这个时代社会的见证，如果不进行保存，我们就会失去我们的社会记忆。网络上资源类型复杂、种类繁多，对其长期保存要有选择性。传统文献资源的出版具有过滤机制，网络出版具有随意性，网络信息资源的质量难以保障，所以对网络开放学术资源的整合建设，就要选择合适的资源，而且对信息资源的学术性和质量等都有要求，因此网络开放学术信息资源整合建设也有利于网络信息资源的长期保存。

三、网络开放学术信息资源整合建设的总体目标

网络开放学术信息资源整合建设是从网络学术信息资源获取利用的困境中提出来的，它既是图书情报界、企业界等领域网络学术信息资源建设的重要任务，也是网络资源建设领域的一个重要的研究课题。网络开放学术资源整合建设，首先要调研资源现状：分析网络开放学术资源的类型、分布情况、组织发布方式、是否实现了整合、整合的程度如何等。调研的目的是对各类型网络开放学术资源能有计划地开发建设，建立比较完善的网络开放学术信息资源整合建设体系，实现对开放获取资源、学术博客、学者个人主页、学科专业论坛、网络免费会议文献、学术新闻等开放学术资源的采集、标引组织、保存以建立各类型资源的数据库系统。

中国科学院现正在对开放教育资源、社会经济数据、开放会议文献、综合科技资源进行建设，在已有技术和成功经验的借鉴下，有必要对其他类型开放学术资源进行有计划、有步骤的建设，且在分散建设基础上进行整合，以发挥网络开放学术资源更大的作用。为了将其实现，可将网络开放学术资源纳入信息资源建设的体系中，在现有 NSTL 国家科技文献保障体系基础上，联合高校系统、国家图书馆，完善国家级的文献保障体系，同时加强综合科技开放资源的建设和合作，在初具规模和体系后，纳入国家平台，并长期保存，持续建设，与各种购置的文献资源一起，完善国家科技资源保障体系。

四、网络开放学术信息源整合建设机制

网络开放学术资源整合建设机制，从两方面进行分析，一是对分散尚未整合的资源进行采集、标引、组织和保存；二是对已部分整合的资源直接拿来利用或采用集成建设的方法。

（一）从资源的发现获取、评价遴选、采集、标引组织等方面，合理规定分散资源的建设机制

（1）动态的发现获取网络学术信息资源，从跟踪重要学术机构和权威发布机构、官方网站、知名学者专家主页等方面入手，并通过搜索引擎、开放学术资源门户网站、学科门户网站、用户调研和推荐等多种途径，掌握主要网络开放学术资源的类型、数量、发布形式、内容特征，分析总结不同类型、不同来源的开放学术资源的发现途径和方法。

（2）对资源质量进行评价，对资源的真实性、可靠性、权威性进行甄别，选择有价

值、符合网络开放学术资源规范的整合类型。在用户需求调研和资源调研的基础上，参考期刊、会议文献等传统资源的遴选评价指标体系的研究成果，完善用户参与的分析、评价和遴选机制，确定开放学术信息资源的遴选原则和定性、定量分析评价指标。网络开放学术资源遴选应遵循资源建设的原则，遴选有权威性、前沿性和准确实用的开放学术资源。

（3）合理制定开放学术资源采集标准和规范，根据网络开放学术资源的特点，采用差异化的采集策略，拟定不同来源、不同类型开放学术资源题录信息或全文资源的采集规则与采集方法，设计合理规范的采集流程。因为分散的网络学术资源一般没有经过规范化标引组织，所以无论采用何种方法采集，可能都需要人工的后期处理，对资源进行查重和规范化描述。

（4）制定全面可操作性强的元数据规范，对不同类型的网络开放学术资源进行规范化的描述，在资源的组织层面实现异构化资源融合，为后期资源集成做准备。实现所有类型网络开放学术资源的整合是个很庞大的任务，要采取协同合作的方法，主管部门制定统一标准，合作单位负责具体实施，在统一调度下保障方案的完成，这同时也避免了重复建设。

（二）已有资源整合系统的主要建设工作是系统集成

对已实现整合的资源系统，要分析整合系统具体情况和规模，整合资源类型、数量等，遵循开放接口标准与协议和元数据标准等，选择最优集成方法。

对网络开放学术资源建设的最终目的是实现所有系统的集成，最终实现多数据库同时检索，分数据库显示检索结果，建立网络开放学术资源共享平台，实现一站式的检索服务。

网络开放学术信息资源作为一种重要的信息资源，如能对其规范整合建设并提供给科研用户使用，将对学术交流活动产生重大影响。但由于技术、基金、政策等方面问题的限制，现在国内对网络开放学术资源建设仅限于个别类型资源，还没有对所有网络开放学术资源整合建设的实例。本节从网络开放学术资源概况、整合建设必要性、整合建设的目标等方面出发论述了网络开放学术资源整合建设的重要性，期望能对网络信息资源建设起到启发作用。

第六节 "互联网+"时代文献信息的整合、共享创新

所谓的文献信息管理,离不开文献收集、文献分析以及文献分享这三大阶段,一个完整的文献资源管理系统的雏形在这三大阶段中逐步形成。图书馆也不断与时俱进,跟随着国家政策的变化不断做出调整。例如,图书馆提出的"互联网+图书馆"的方针,正是顺应了国家新实施的"互联网+"政策。在新生时代,"互联网+"具备多种优势特点,如跨界趋融、创新改革、重整框架、以人为本、尊重自然等,为图书馆文献信息管理的发展提供了一个契机,有利于图书馆文献资源信息整合以及资源的共享创新,进而实现在"互联网+"时代下传统文献与数字资源的多元整合、共建共享、互联互通和应用创新。

一、"互联网+"环境下读者文献资源需求的新特点

(一)对文献资源的内容追求层次化、表现形式丰富

在"互联网+"普遍传播下,读者对信息的需求变化也是日益更新,倾向于内容层次化、形式多样化等。①在满足图书馆本身读者对文献资源的需求这一前提下,许多通用的图书馆之间以"互联网+"为契机,通过建立馆际互接、共享资源这一广大平台,为更多的通用图书馆提供更多的文献资源。读者只需办理简单的互借手续,即可享用多个通用图书馆的文献资源,具备信息整合、共享创新的理念。②相比传统的纸质书籍、报刊,普通读者的需求已发展到对电子期刊、电子书等数字信息化的追求。对此,读者可以通过接触电子版的文献资源,享受到纸质版无法提供的音乐、短片等微缩视觉或是听觉的资源。比如,在图书馆管理中,为了更好地满足读者对数字信息化的需求,通过提供移动服务设备来丰富信息整合的多样性,类似的有超星移动图书馆、龙源期刊网等。③广大读者、社会人士接触信息的最大服务平台是通用的图书馆,通用图书馆能为其提供丰富的服务资源,愉悦其身心。在图书馆中,文献资源的获取是大部分读者的基本要求,但同时,读者还可以通过图书馆自身静谧的环境接受熏陶,得到身心的放松。

(二)用户的体验性应放在文献资源建设的首位

用户的体验性在"互联网+"时代,在图书馆中的位置日益凸显。针对以往的图书馆学科领域,用户体验性更为重要,应慢慢渗透到详细的业务流程中,实现文献资源共

享创新的理念。任何信息资源的整合都必须以读者的需求为前提，如图书的收集、采购、编目等环节都要遵循该理念。同时，图书馆的文献资源不能一成不变，要结合自身文献馆藏资源的现状分析，以学科馆员推荐、读者线上线下互动推荐等渠道，不断将文献资源丰富更新。与此同时，为了让图书馆的文献资源得到充分利用，使文献信息得到广泛的传播，可以通过阅读推广等形式，节省读者寻找书籍的时间。为了更好地贴近读者的需求，提升文献资源的共享创新，以线上线下相互互补的形式也不失为一种图书荐购的好方法。

二、图书馆文献信息管理在"互联网+"存在的问题

（一）文献信息管理思想落后

在图书馆的立足点上，满足读者的信息需求以及实现资源共享创新是图书馆的重要要求。图书馆的角色随着"互联网+"的推广，也从"藏书阁"转变为"信息中心"，提升文献利用率是图书馆目前对文献资源的管理目标。为了实现该目标，应摒弃以往的服务理念，更应追求现代的"互联网+"技术，通过一套完整的网络信息技术的设备配套来加强图书馆文献资源建设，践行信息整合与共享创新的理念。

（二）文献信息管理方式单一

文献信息管理方式单一体现在以下方面：①文献资源单一、体系完善不到位。以公共图书馆为例，读者吸引力以及文献资源的价值都与文献资源的丰富性直接关联。从另外一方面看，由于公共图书馆面对对象的局限性，文献资源多为纸质文献，缺乏媒体文献资源等其他类型的资源。②信息化推广不到位、服务停留于表面。就目前情况来说，普遍的图书馆仍停留于较为传统的文献检索方式，读者无法感受到由"互联网+"带来的变化，如可以随时随地检索文献资源。③文献信息管理人才缺失。在"互联网+"时代中，文采与技能兼备的人才正是图书馆所欠缺的。目前大多数图书馆对文献信息管理人才的培养以及重视度不够，造成在文献信息管理水平中处于一个尴尬的位置，不利于图书馆后期信息的整合以及共享创新的发展。

三、图书馆文献信息管理的创新理念与方式

（一）强化共享意识，实现数字资源与传统文献的多元整合

在"互联网+"环境下，文献信息资源的数字化是传统文献资源体系的必然结果，文献信息资源的一体化建设有助于文献资源的共建共享。对文献资源进行多元化整合，说明每一个共建单位都需要从网络的角度去重新认识图书馆的文献信息资源发展，首先就需要具备共享意识，为文献资源的共建共享消除思想障碍。此外，图书馆中的所有文献信息资源建设应当有机结合起来，共同创建文献共建共享中心，建立共享机制，并根据图书馆自身的情况，制定数字资源建设的发展规划，进而实现与传统文献的多元整合。

（二）"互联网+"环境下图书馆数字资源应用创新发展

1. 强化图书馆文献信息管理的整合性服务应用创新

相比于以往的到馆接受文献服务，整合性服务作为一种新颖的文献信息资源服务模式，能够在更大范围内为读者提供信息资源共享服务，以读者的需求为中心，以数字化手段和信息化平台呈现信息资源的综合服务，为读者提供全程化服务。对此，图书馆不仅顺应互联网发展趋势，同时要紧贴读者的信息需求等。

2. 强化文献资源管理系统集成建设

为了实现内部层次的深度趋融，"互联网+图书馆"是图书馆强化建设的最佳途径。图书馆的文献资源可以借助"互联网+"带来一套完整的信息化技术文献资源平台，充分发挥其优势，不断形成图书馆的网络管理与服务管理一体化。例如，从图书馆的文献信息管理模式、文献资源的检索系统、文献提供的来源等方面来加强建设。

3. 完善科学的人才培养机制

"互联网+"对图书馆的冲击很大，要求在人才培育上要有高质量追求，严格控制馆员的层次变化。人才的培养首先从招募的源头开始出发，使用严格的机制选取合适的人选。同时，为了挽留高素质的人才，可通过优惠政策等方式进行，但在用人上必须采取严格的标准，筛选合适的人才，提升图书馆文献信息管理人才的素质。此外，图书馆通过开展定期的素质培训，提高在馆的馆员管理能力以及素质，为图书馆文献信息管理创新提供优质的、专业的人才队伍。

通用的图书馆服务内容与服务方式在"互联网+"环境下应不断改革创新，提升图书馆的文献资源管理水平，同时摒弃传统的服务理念。一般情况下，图书馆都要从自身的馆藏特色出发，借助互联网信息技术平台，实现"互联网+图书馆"的目标。相对于传统的文献资源管理，图书馆应顺应"互联网+"时代的发展，从纸质版的文献资源迅速转变为电子版文献资源，在文献资源建设中实现数字化、信息化、现代化三大主旨理念。

第七节 数字图书馆知识管理

进入21世纪以来，信息技术迅猛发展，网络媒介成为人们获取信息的主要方式，也是拓宽知识渠道的新方法，如维基百科、谷歌搜索、百度知道、微博等。数字图书馆就是将原来的图书管理模式整合到网络上的一种新方法，它是对以往图书管理模式的创新应用，可以对海量的信息进行集中处理，为人们提供一站式的知识服务，实现检索即所得的一站式服务。当然，由于图书馆书籍数量之多，信息种类之丰富，要做好海量信息的统一管理并非易事，需要具备较强的能力，不仅要可以存储大量信息，而且要具备信息传播的能力。云环境架构技术和服务水平较好，能够储存大量的信息，基于该种方法可以延展服务空间，做好信息传播和服务，集中整合知识信息，使数字图书馆朝着更科学的方向发展。

一、云计算与知识管理

（一）云计算

云计算属于分布式处理技术中的一种，它能够实现并行处理和网络计算发展，也是数据存储和服务中非常重要的一种方式。在实际运行中，云环境可以向外部提供抽象的虚拟信息，各种服务工作都基于远程系统分布管理之上。另外，通过互联网连接起来的分布体系，可以动态化扩展硬件、软件和各种资源，以服务的形式对外提供信息。用户则可以通过网络系统访问互联网平台，获取想要得到的知识，及时更新软件数据。

（二）云计算视角下的知识管理

与以往的知识管理方式不同，云计算视角下的管理提供的服务更加到位，可以向用户直接提供知识产品，实现一站式服务。KaaS 位于服务架构的最顶端，是在 IaaS、PaaS 和 SaaS 基础上实现的，不仅需要存储资源、计算资源的支撑，而且还要依赖开发部署平台，对各种数据进行集中使用。

二、云环境下的数字图书馆知识管理方法

云计算手段的提出对数字图书馆的发展提供了新的思路，拓宽了知识管理的渠道，且在云环境下的图书馆知识管理也是资源集成化管理的一种方法，直接向用户提供知识信息和检索目标。在实际管理中包括的具体方法如下：云环境下多元异构馆藏资源的语义揭示、云环境下馆藏资源异构本体的集成、云环境下馆藏资源的语义智能匹配和云环境下面向用户需求的馆藏资源集成。

具体来说，"云环境下多源异构馆藏资源的语义揭示"主要是实现对多源异构的馆藏资源的语义揭示和索引，生成一个相关领域的局部本体，是云环境下数字图书馆知识管理的基础；而"云环境下馆藏资源异构本体的集成"则主要是实现对异构的馆藏资源局部本体进行合并，最终生成一个覆盖所有数字图书馆馆藏资源的语义覆盖网络，该步骤是实现云环境下数字图书馆知识管理的方式。以上这两个步骤主要是从资源的角度对信息资源进行集成（也即语义层次的深度集成）。而"云环境下面向用户需求的馆藏资源集成"则主要是在馆藏资源语义集成的基础上，从用户的角度，实现面向用户的按需动态集成，是实现云环境下数字图书馆知识管理的目的。"云环境下馆藏资源的语义智能匹配"主要是实现用户需求模式与馆藏资源的语义覆盖网络的相似度计算，以实现对馆藏资源的调度，它是实现云环境下数字图书馆知识管理的关键，是连接馆藏资源与用户需求的纽带。

三、云环境对数字图书馆的影响

（一）影响信息资源

云环境可以存储大量的信息，容纳海量的数据，及时更新资讯。此外，云环境也具备较强的优势特点，能够实现安全数据的存储，采取自动化同步信息的方式，基于 Web 系统进行数据的备份。另外，通过权限管理和数据的共享，则无须担心网络受到病毒感染而造成数据丢失。在信息的集成上，云环境的优势也更加突出，它能够将庞大的信息

与互联网联合起来，防止资源重复使用，并丰富数字资源。

（二）影响信息用户

现如今，我国百姓对文化的重视度不断提高，人们需要获得更多的资讯，追求个性化的发展。云环境为信息用户提供了便捷的服务，人们能够更好地进行学习，建立庞大的信息系统；为用户提供 24 小时不间断的服务，借助系统工具软件，用户可以直接参与学习，快速聚合资源。

（三）影响信息人员

云环境所具备的强大的网络服务功能是其他技术无可比拟的，这对于数字图书馆管理人员也提出了更高的要求。相关人员需要为用户提供良好的服务，运用云计算功能和服务功能更新技术管理办法，进一步创新服务，做好工作指导。

近年来，云计算环境逐渐成熟和发展，对于数字图书馆管理任务也提出了新的要求。要做好云环境下的知识管理，就必须发挥云计算资源的优势，管理好资源内容，突出技术优势，从而让数字图书馆得到更好的发展。

第四章 档案信息管理

第一节 信息化建设的必要性

在经济社会快速发展以及科学技术不断进步的新形势下,人们在日常生活和生产中应用各种互联网、信息化以及云计算等先进技术的地方也越来越多,对图书馆中的档案管理工作来说,也需要做到与时俱进,不断推进信息化建设,实现档案管理工作质量和效果的提升。这主要是由于先进的信息技术在图书馆的文件管理中的应用,不仅可以确保各种内容的失真和损耗等问题不会在档案保管库中出现,而且还方便读者通过信息化平台来对电子档案信息或者其他所需要的资料进行快捷的查询。

一、图书馆档案管理信息化建设必要性分析

在目前信息时代快速发展的趋势下,图书馆档案管理工作进行信息化建设工作的开展是信息时代发展的必然趋势。在目前信息时代的快速发展的过程中,开展人工方式记录管理的传统方式已经不能满足档案管理在信息爆炸时代下的要求,导致记录容易出错、文件丢失和纸发霉、油墨脱落等,还要占用专门的档案室来等进行纸质档案的存储,容易由于火灾等事故而导致档案毁灭等问题。而通过图书馆档案管理中的信息化建设,则可以实现在互联网平台上的庞大的档案信息的存储,不仅不会出现上述问题,而且只需要做好对计算机系统设备的保管即可。通过此计算机平台还便于读者进行图书和档案信息的快速查询,也可以快速定位图书放置的位置,满足读者的阅读要求。同时通过此信息化建设还可以实现档案信息的共享,便于用户从不同位置和方式登录平台进行便捷的信息获取,实现读者的档案信息阅览时间的节约和管理人员工作量的减少,实现档案管理效果的提升。

图书馆档案管理的主要内容,主要就是对人事档案、文书以及业务和设备等档案进行管理。其中的人事档案不仅包括图书馆用户的相关资料,还包括各种图书的借阅情况。

文本档案则主要有上级领导所下发的工作文件、会议纪要、工作总结、工作计划以及向上级机关发送的请示文件等。业务档案则主要有本部门日常活动的开展情况以及业务完成情况等信息。最后的设备档案则主要有图书馆设备的等级、核对和维修等情况以及报损、报废物品的核实登记信息等。

二、促进图书馆档案管理信息化建设的对策分析

目前图书馆档案管理中已经逐步在开展信息化建设，而且也取得了一定的成效。但目前在开展上述工作的过程中，发现缺乏信息化管理意识为主的问题，导致没有充分发挥出开展图书馆档案管理信息化建设的优越性。也就是出现了开展图书馆档案管理中的人工纸质档案管理以及电子档案管理的交叉管理模式，这更是增加了工作人员的工作量及经济投入。此外，还有目前在安全信息平台方面的问题，不仅是因为缺乏导平台的建设投资，而且还由于目前技术的限制造成的。出现了较为严重的平台被黑客、不法分子的恶意攻击篡改和信息泄露等问题。不仅如此，目前的档案管理人员中还存在对此种新型管理模式比较抗拒以及观念无法顺利转变的问题，加之其工作能力偏低且不主动进行学习，影响了信息化建设的进程和建设工作效果。因此针对上述问题，就需要通过以下措施来进一步推动图书馆档案管理的信息化建设工作的开展。

（一）进行现代化的档案管理机制的制定

针对目前开展图书馆档案管理工作所依据的管理制度都已经编制和执行了较长时间的现状，在目前的信息化快速发展的形势下出现了此制度与目前的档案管理要求脱节的问题。因此就需要针对原有制度中出现上述脱节问题的内容进行删除，然后结合目前信息时代下的档案管理要求来对管理制度进行重新编制或者是改进完善。重点就是要在开展上述制度的重新编制或改进之后，保证此制度中明确说明档案信息化管理工作的内容、标准、安全管理等内容。保证通过此制度的贯彻和落实来降低信息化档案管理问题发生的风险以及保证档案管理工作有序开展等良好的管理效果。

（二）加强对信息化管理意识的培养

对目前此档案管理部门中的负责人以及相关工作人员来说，需要逐渐接受信息化时代下的新型档案管理的理念和模式，转变传统的管理思维，提高信息化管理意识。上级部门需要提高对信息化建设的重视，加大资金投入来推进信息化建设的顺利开展并保证

信息化管理的安全性，还要投入大量的人力来进行相关技术和规章制度的完善，为档案管理的信息化建设以及档案信息化管理工作的开展提供一个良好的管理环境。

（三）加强对档案管理人员工作能力的培养

目前图书馆档案管理不断开展信息化建设的过程中，由于管理工作方式有了较大的改变，不仅需要管理人员具有丰富的信息技术知识和管理知识、经验，而且还要具有较高的工作能力和职业道德素养。因此就需要吸收和录用一批年轻、优秀的管理人员来组建一支高水平和高能力的管理团队，带动年龄稍长的管理人员积极主动对计算机信息技术知识以及新型管理知识的学习，推动图书馆档案管理信息化建设的有效开展。

在目前我国各项信息技术在快速进步并推动信息时代发展的同时，针对图书馆档案管理工作，传统的人工管理和纸质管理方式已经无法满足目前越来越庞大的档案管理信息的现代化管理要求。因此，有必要开展这一信息化建设，而由于开展上述建设中出现了这样或那样的信息管理问题，需要完善的现代档案管理系统。还要从管理人员的意识、能力等方面进行逐步培养，实现上述管理水平的逐渐提升。

第二节　信息技术下的图书馆档案管理模式

21世纪以来，人类社会从纸张时代逐渐进入数字网络时代、信息时代。信息网络迅速向高性能和智能化方向全面发展，面对新形势和新变化，图书馆档案部门如何充分利用信息网络技术带来新的机遇，发展档案管理技术，通过科学技术管理图书馆，逐步实现图书馆档案管理现代化，适应高校改革发展的新需求，我们必须仔细研究。

图书馆的档案对政策战略目标规划的制订和实施具有重要的参考价值。领导在执行决策、组织协调等多项职能时，通过比较图书馆档案、分析研究、总结经验、提出改善措施，对提高管理水平有极大的帮助。

图书馆档案充分反映了图书馆的历史、文化和内涵，是图书馆工作的重要依据，上级领导可以据此对图书馆进行考核，图书馆也可以评估图书馆员工工作。

一、信息技术在图书馆档案管理中的作用

（一）便于存储、容易保管

伴随档案数量的增加，依靠传统的方式，很难对档案进行存储和保管。使用计算机对档案进行存储和保存文件可以克服这些缺陷，不仅可以减少占用空间，而且可以永久保存。计算机的文件存储是软件或光盘。两者都具有较大的存储容量，不容易损坏。如3.5寸软盘，可以存储160多万汉字，如果使用CD，是软盘存储量的数千倍，还可以将原始文件的全貌，包括所有图形、视频存放在档案中，随时供读者阅读。

（二）丰富了档案内容

除了文字档案外，图片档案和音频档案也很重要。在过去，由于缺少设备和经费，无法对新技术进行探究。即使使用这些数据，记录的图像和磁带也具有明显的缺点，如果维护不良，可能导致文件信息丢失。在信息技术的数字时代，由于在文件管理中使用多媒体技术，这些操作都变得非常简单。计算机可以做的不仅是这些，而且还可以将磁带上的声音作为一个文件保存在磁盘上，这个声音可以被压缩成一个文件。一些原材料通过扫描仪可以储存在计算机上。可以说，所有需要保存的文件都可以以计算机文件的形式保存。而且，过去很难保存在档案中的一些信息也可以通过电脑进行轻松管理。

（三）便于编制档案目录

在现代的档案管理中，有三种检索工具：案卷目录、文件目录和全引目录。在以前的文件管理中，只有两种类型的检索工具：文件级目录和案卷级目录。因为以前的目录编制需要手工进行，经过书面文件、文件目录，获得完整的指导目录，还需要再写一次，工作量非常大，难以实现。使用电脑编制目录的最大优点是可以做到一次输入，多种输出，避免了大量重复的人力工作，节省了大量的人力、物力、财力，大大提高了工作效率。

（四）促进档案管理跨越式发展和深层次挖掘

新技术可以有效提高管理效率，规范管理过程。长期以来，档案是实物性质的纸张，存在归档、保存、利用成本高，查询难度大，信息无法提取，无法共享等一系列问题。通过信息化管理，可以通过计算机和通信方式有效地解决这个问题。在信息技术手段的帮助下，深度挖掘档案所包含的信息，一些新技术可以应用于信息检索功能，在传统档

案管理工作中无法实现智能信息检索和多维度检索技术。这些新技术的应用使得档案的社会和经济价值得到充分利用。

（五）提升档案信息服务质量，实现档案信息共享

传统档案信息管理基本上是利用手工操作，对所有信息进行归档检查，而信息化管理的模式可以提供多种服务方式，使用计算机技术建立档案信息管理系统服务体系，与档案信息使用者之间设置高效、及时、直接的沟通方式，提供可靠、稳定和优质的查询服务，提高档案信息的服务质量。传统档案管理机构之间是互相独立的，资源没有实现共享，信息技术的发展使这些机构之间进行信息共享，提升工作效率，特别是网络技术和分布式存储技术的应用，可以使各个档案管理机构之间的档案信息得到有效的整合，通过档案信息在不同机构间的重新划分与组织，逐步建立起各有特色、互为补充的档案信息管理体系。

二、信息技术在图书馆档案管理中的应用

（一）实现管理思想的现代化

在过去很长一段时间内，由于传统的工作模式和思维方式的局限，使得图书馆档案工作者很难将信息技术引入现代档案馆管理工作中来。近年来，信息技术的快速发展对社会生活产生了巨大影响，档案管理工作者已经认识到计算机和信息网络等已成为档案管理工作中不可或缺的技术手段和基本工具之一。但是如何构建图书馆档案现代管理系统，相当多的档案管理者并没有站在学校改革发展的高度，更深入地思考信息化为档案管理带来的挑战与机遇。因此，只有不断解放思想，重新思考，才能使档案管理工作向前发展。要实现图书馆档案管理工作的现代化，必须要抓住机遇，开阔视野，积极寻求档案工作同图书馆中心工作的结合点与生长点，在较高层面上来筹划图书馆档案现代化建设方略。

（二）制度与文件管理要素改革

信息技术的发展极大地促进了图书馆业务系统的连续性，如果不在制度上对业务系统提出要求，如提出元数据的要求，可能使业务系统自然生成的电子文件无法长久保存。所以，文件连续体理论提出的整体系统思想是非常值得借鉴的。我国的电子文件管理中

提出的全程管理、前端控制思想，就是对这种理论的生动诠释。但是，档案有档案的价值取向，对电子文件管理要素的管理，不能取代对档案的价值判断和档案的选择，特别是在信息扩张的时代，这一点显得尤为重要。目前，我国许多地方和学院正在建设信息中心。这种热潮的基本出发点就是，对于分布在各个机构的业务活动中的电子文件进行集中管理，有的采取集中存储、集中利用的模式，有的采用备份中心的模式，有的采用存储目录、逻辑归档的模式。

（三）工作服务方式的合理转变

在信息时代，使用新技术管理和利用图书馆信息资源是我们的最终目标。在信息化时代，图书馆采用档案信息为读者服务，必须将传统的参考服务模式转化为智能服务模式。档案的智能化服务可以通过知识导航和知识咨询来实现。服务内容包括：①情报编研、检索服务。由于读者的实际需要，通过一定的检索方式，从大量文件摘要、目录、索引和正文信息等二次文献中找出有价值的文件信息提供给读者。②咨询服务。根据读者的具体特点，从档案馆中选择有价值的信息，定期和积极地向读者提供。档案信息定题服务通常是通过项目查询、跟踪服务和效果反馈这三个步骤实现的，在网络下日益发展的环境下，这种服务方式将得到广泛的应用。

（四）档案人员应该努力提高自身素质

现代信息技术要求管理者的素质也跟上时代要求。为此，档案管理人员应注意提高自身素质：努力培养网络服务需要的网络设计与管理人才、系统分析和设计人才、数据分析与开发人才。使他们掌握信息技术和信息知识，巧妙地运用数字技术、信息存储技术、互联网通信技术和多媒体技术；积极组织档案管理人员参与档案管理现代培训；掌握好档案管理人员在职培训、继续教育的具体情况，提高档案管理人员的知识结构和整体水平；加强理论研究，提高档案管理的理论水平。总之，使用计算机信息技术进行档案管理是档案管理工作发展的必然趋势，其优势可以随着信息的不断提高而不断得到发挥，充分发挥档案管理现代化的真正意义。所以在现阶段我们做图书馆档案管理工作时，要大力利用档案科技信息手段。在图书馆档案管理中，要不断树立信息服务和科学管理意识。要用现代化的管理方式去提供专业的服务，加快文件信息化进程，落实档案馆的使命。

综上所述，随着现代信息技术和通信技术的快速发展，图书馆档案管理模式也发生了相应的变化,网络化和虚拟化的特点越来越明显。突破传统的图书馆档案管理模式的限制,要立足于电子技术背景,对图书馆档案管理模型进行深入分析和研究。

第三节 基于互联网的图书馆档案信息化管理

随着信息技术的不断发展,人们的阅读方式发生了较大的变化,由原来的单一性向多元性转变,这无疑会给图书馆信息化管理工作带来较大的挑战。通过对目前我国图书馆档案信息化管理工作的调查发现,仍存在较多局限管理效率的问题,这势必会造成图书馆的服务质量较差,对于图书馆的持久性发展是极为不利的。为此,深入分析与研究互联网时代图书馆档案信息化管理的创新举措,显得越来越重要。

一、互联网时代图书馆档案信息化管理的问题分析

(一)管理人员素质有待提高

笔者通过对目前我国各图书馆的调查发现,图书馆档案信息化管理过程中,凸显出一个共性问题,即一些管理人员素质较低。之所以存在此种问题,很重要的一个因素是一些工作人员从建馆初期就在图书馆工作,这些工作人员通常会存在思维守旧的情况,不具备信息管理的能力,甚至是在通过系统培训之后,仍存在知识结构不完善等情况,自然易出现各种差错。如果这些管理人员的素质不能得以有效提升,将会影响互联网时代档案信息化管理的顺利推进。

(二)图书馆信息化管理服务意识较为薄弱

图书馆档案管理工作面向的是广大读者,这是一项服务性较强的工作,但从实际的信息化管理实情来看,往往存在服务意识薄弱的弊病。具体而言,一般体现在图书馆向读者开放资料有限方面,这样就会造成一些价值较高的档案信息,无法以文献资料的形式呈现,使得图书馆的服务范畴不断缩小,既给图书馆的可持续发展带来了不利因素,也使图书馆档案资源的价值无法得到有效发挥。

(三)图书馆档案信息化建设不够完善

目前越来越多图书馆的档案都实现了信息化建设,这无疑能使馆藏资料的查询与整

理更加便捷，使其档案信息处于有序管理状态，但同时也会凸显一些问题：首先，缺乏统一的标准。此种管理背景下，无法使各图书馆之间进行实时资料共享，使得数据的利用率不断下降。另外有些图书馆的设备更新速度较慢，计算机无法进行快速运行。其次，数字档案文件不具有稳定性与完整性，如存档时已出现人为修改与删除的情况，这无疑增加了图书馆档案信息化管理的难度。

（四）资源利用率较差

图书馆信息化管理的目的就是为了给读者提供更为便捷的服务，不断提升图书资源的利用价值及利用率。但从图书馆档案信息化管理的现状来看，图书资源的利用率较低，尤其是那些边缘化较强的图书资料，更是被严重的忽视，在管理系统中根本搜索不到，读者自然也没有阅读的机会。此种图书馆信息化管理背景下，越来越多的图书馆开始对档案信息化工作不断进行改革，虽然有了一定的改革效果，但如果从本质角度来分析，仍发现其处于在传统图书管理基础上来回修补的状态，和真正的创新管理工作方向不一致。此种背景下，只会形成一个结果，即较多图书资源都处于闲置状态，并未对之进行充分利用，难以达成预期的图书馆信息化管理效果。

二、互联网时代图书馆档案信息化管理创新举措分析

（一）提高管理人员素质

高素质人才是不断提升图书馆档案信息化管理水平的关键所在，这就需要各图书馆加强对管理人员素质方面的重视度，不断提升管理人员专业技能及服务意识。具体而言，可以从两方面来推进此工作：一方面要重视对高素质人才的不断引进，使图书馆管理人员的学历层次不断提升，不断充实管理人员队伍；另一方面要加强对原有图书馆管理人员的培训，此培训需坚持"请进来"和"走出来"两大基本途径，即邀请专业人士开展系统性的培训，分批让图书馆的工作人员去深造。相信通过这样的有效培训之后，图书馆工作人员的综合技能及素质会不断提升，并且他们也会感受到工作给自己带来的乐趣，为图书馆档案信息化管理水平的不断提升奠基。

（二）提升图书馆档案人性化管理水平

图书馆档案信息化管理既然是一项服务性较强的行业，那么就需要在明确以人为本

理念价值的同时，遵循以人为本工作理念，加强对用户实际情况的了解，在此基础上开展档案信息化管理工作，这样既能不断增强工作人员的服务意识，又能为读者提供更为个性与优质的服务，提高读者对图书馆工作的满意度。为了更好地达成互联网时代对图书馆档案全面信息化管理工作的实际要求，除了需要加强与用户的交流之外，还需要利用信息化档案资源管理系统对档案资源进行整理，这样才能不断提升档案信息化管理的质量。比如，每个图书馆都有微信公众号，在微信公众号平台中就可以增设咨询、推介等模块，并要配备适合数量的在线客服，这样只要有用户登录到本图书馆的微信公众号平台，客服就可以第一时间询问其需求有哪些，在交流后为其推送针对性的阅读资源，并对其借阅流程进行指导，对用户的基本信息及借阅、归还等时间进行记录，这样当到了归还时间，就会对其进行提醒，以便用户及时归还借阅资料。当借阅资料归还之后，客服还可以对用户的阅读满意度进行了解。此种工作方式既能为用户提供更为人性与优质的服务，还可以不断提升图书馆档案信息化管理的水平及效率。

（三）合理运用云计算创建数字图书馆档案

想要确保档案信息化管理获得与时俱进的发展，就需要具备不断更新信息技术的意识，而云计算就是新兴起的技术，对之合理运用，必然可以推动图书馆档案信息化管理效果，并且云计算在近些年的图书馆档案信息化管理工作中运用得越来越频繁，也取得了较为理想的效果。为此，图书馆在运用云计算创建数字图书馆档案的过程中，绝不能照搬别的图书馆的成功经验，而是要在深入分析云计算的背景下，将之与本图书馆的实情进行完美结合，这样才能在借鉴其他图书馆成功经验的基础上，真正利用云计算来共享图书馆档案资源信息，促使档案信息化工作得以更加顺利的推进，为读者与用户提供更为完善的档案信息服务。

（四）提升图书馆档案信息化服务层次

之所以建立图书馆，其目的是为了更好地提升民众的思想道德觉悟，以此来提升国民素质。因而图书馆信息化服务的提升显得越来越重要，可以说其服务的提升程度会直接影响图书馆的可持续发展程度。具体而言，必须要巧借信息技术来不断提升服务的准确性，并要以人性化不断提升服务的质量。无论是从图书借阅流程、图书质量，还是提升读者阅读时的舒适程度，都必须做到以下三点：第一，持续不断地提升图书管理水平及工作人员素质；第二，搭建完善的图书馆与读者沟通桥梁，更好地了解用户的所思所想，提供针对性的高质量服务；第三，制定完善的图书材料审查制度，以此来更好地管理与推介边缘书籍，提升书籍的利用效率。

档案管理作为图书馆管理工作的重要内容，想要持续不断地提高图书馆的服务质量，以及促进图书馆的可持续发展，就必须要注重图书馆档案的信息化管理，要在了解其问题的基础上，不断提出针对性、创新性的优化之策，这样才能不断提升档案信息化管理的水平，将图书馆为广大用户服务的作用发挥出来。

第四节 数字化时代公共图书馆档案管理信息化

一、公共图书馆档案管理数字化建设的意义

（一）更有效地保存图书馆档案

通过公共图书馆档案数字化管理，首先能够迅速发现不完整或欠缺的文件材料，并通过各种途径予以补齐。其次可以修复公共图书馆档案中模糊褪色的字迹、污损残缺照片等。另外还能集中分散在各部门及个人手中的各种文件、数据等，公共图书馆档案数字化后仍能代替原件使用，数字化档案副本还可异地保存，即使发生天灾人祸也能最大限度保持档案的完整性，有利于保护档案原件，确保原件保存的永久性。

（二）提升社会化服务的质量

通过利用网络技术和通信技术，公共图书馆档案数字化可以为用户提供高速连接的信息服务，实现了更大范围的档案信息共享，为远程教育培训提供了必要的条件，使档案服务管理在内容、方式和效果等方面实现了重大突破。信息传递网络化还具有跨时空的信息服务、高度开放的信息利用以及信息传递的标准化、规范化和现代化等特征。

（三）提高档案管理工作效率

公共图书馆档案数量庞大，人工管理耗时、耗力。档案管理数字化的引入，使管理人员从繁杂的工作中脱离出来。利用计算机及网络技术可以快速完成档案管理工作，自动化程度更高。

（四）满足用户多样化需求

用户需求随着网络时代的推进也在不断发生改变。足不出户就能快速获得想要的信息是很多用户的追求。数字化的档案管理方式可以在很大程度上满足客户这一需求。通过网络共享信息，使档案信息的流动不再受到地域的限制。

二、公共图书馆档案管理数字化建设的方法

（一）积极完善相应的数字化配套设施

在公共图书馆档案数字化管理硬件建设过程中，工作人员应积极建设数字化设备体系，主要包括计算机、服务器、交换机、视频音频信息采集设备、扫描仪等设备，还应积极跟踪相应的设备，考查其运行性能，保障管理工作的顺利开展。同时，工作人员还应积极检查相关的设备，及时升级落后的设备。设备是相关工作开展的基础，也是工作质量的保证。在软件完善过程中，工作人员应积极构建数字信息档案管理系统，保证系统的整体性。在相关工作开展过程中，工作人员首先应积极构建完善的信息接收系统、信息采集系统。

（二）创新信息化档案管理模式

要改变档案管理模式，创新信息化手段，首先要优化内部的档案网络运行结构及系统，提升其性能，使其符合国家对局域网的要求，确保运行安全。其次是档案外网的建设，外网面向的是社会大众，有信息公开的要求，让公众可以感受到信息化档案管理带来的便捷与高效。但是对内外网的安全要求必须提高，采用科技手段进行信息隔离，确保信息的流通更加安全、稳定。同时要注意提升网络功能，大力推进数字化，不断创新档案管理的模式，全面实现信息化管理。

（三）完善档案信息服务体系

及时准确地提供档案信息服务是开展档案管理的一个重要目的，因而要着力完善档案信息服务体系。以信息化标准为基础，从公共图书馆自身情况出发进行信息资源的补充，为跨库检索提供便利。在互联网环境下，档案的目录、内容及编码应呈现一体化。积极推进档案制度的建设，促使档案管理数字化发展更加科学规范，加大数字系统的维护与管理力度，充分发挥监控的功效，使数字系统的运行更加可靠。为了满足公众对信

息质量的高要求，需要改变资源开发的手段，提升知识含量，使档案信息形成一个全面的体系，提升信息服务水平。另外，在主管部门的要求下，外包档案系统的维护工作，使其运行更加规范，公众在使用档案信息时也更加便利。

（四）兼顾数字化建设与原文资料的发展

原文资料是对事物信息了解收集的重要资料来源，可以通过查询纸质资料、声音资料、影像资料等原文资料来收集信息。原文资料具有很高的准确性和考量性。因此，在建设公共图书馆档案管理数字化，创造数字化管理环境时要保证人们的原文资料阅读需求，尽力将两者融入建设中，保证阅读的全面性。将网络技术应用到公共图书馆的管理工作中，是时代发展的必然要求。所以应加快改革，为人们提供更加人性化的使用和阅读体验，丰富人们的文化生活。

（五）建立公共图书馆档案目录数据库

档案目录是建设数字化档案的基础，是开展馆藏档案数字化工作的保障。作为档案信息查询的集散中心，目录数据库能够将检索框架体系化，做到层次分明，结构合理，严格规范档案信息的标引，以更好地保障档案数据的真实有效和完整。

（六）重塑原文影像资源库

原文资料始终是一手资料。为满足人们在网上任意途径检索、查询后阅读原文的需求，将原文影像资源与开放档案用户目录数据库结合起来，能够保障数据资料的权威性和准确性，同时有助于满足不同阅读者的需要，实现公共图书馆数据资源的最大化利用。

第五节 高校图书馆档案信息管理平台构建

高校图书馆档案是图书馆事业发展的脚印，同时也是提高图书馆管理水平的重要依据，确保高校图书馆档案完整、准确、真实非常必要。但在档案保管的过程中，很可能因人为因素、环境因素、气候因素等方面的影响，导致档案缺失或失真，严重影响档案的应用。所以，在现代化的今天，应当利用信息技术等科学技术来搭建档案信息管理平台，对档案信息资源进行整理、分类、存储、保护，以确保档案信息资源完整，并且对档案信息资源的应用予以严格的限制，真正实现档案资源合理利用。所以，采用先进的科学技术来构建高校图书馆档案信息管理平台，对档案信息资源进行合理、有效地管理是非常有意义的。

一、高校图书馆档案管理信息化趋势及必要性分析

从当前时代特点来看，高校图书馆档案管理信息化已是必然趋势。若要具体说明，其表现在以下几方面。

（一）实现档案资源共享

计算机网络信息的突出特点之一就是资源共享性。将计算机技术、信息技术、网络技术等应用到档案管理中，可以优化和创新档案管理工作，推进档案管理过程中，对档案信息进行收集、分类、检索、传递时均在网络环境下能够高效率、高质量地完成，从而保证档案信息资源合理分类等。而对于档案信息的使用，则是通过网络空间进行传递，促使使用者可以快速地使用到所需的档案信息。

（二）实现档案资源的数字化、服务的网络化

长久以来，图书馆档案都是以纸质实物形式存在，这需要图书馆消耗大量人力、财力、物力来采集、保存、保护，确保档案具有使用价值。可以说，纸质档案的管理，给图书馆带来了很大负担。但随着信息技术、计算技术的应用越来越广泛，纸质档案管理将转换为数字化档案管理，这会使得档案信息的采集、整理、修改、保存等工作均在计算机网络上完成，不仅可以提高档案信息整理的质量和效率，还可以提高档案信息资源使用的便捷性。所以，在信息技术、计算机技术等高速发展的情况下，高校图书馆档案管理将会逐步借助先进技术来优化管理档案，实现档案资源数字化、服务网络化的目的。

二、高校图书馆档案信息管理平台构建的重要意义

在我国经济、科技蓬勃发展的背景下，高校图书馆档案管理信息化已成必然趋势。此种情况下，要想使高校图书馆档案管理信息化得以实现，构建档案信息管理平台就显得尤为重要。因此，进行档案信息管理平台构建，是一项非常有意义、有价值的活动，具体表现为：

（一）为图书馆科学发展提供案例参考

高校图书馆档案信息拥有的资源全面，并且非常真实，在客观上反映了图书馆在不同时期、不同环境下的发展概况、相应的工作内容、拥有的管理水平、提供的服务水平，这样的数据是图书馆发展、建设、完善的第一手资料。因此，高校图书馆档案信息资源具有较高的利用价值。构建图书馆档案信息管理平台，可以设立不同的档案信息管理模块，如采集管理模块、保存管理模块、使用管理模块、安全管理模块等，对档案信息进行全面的、详细的、有效的管理，如此必然会提高档案信息资源的完整性、真实性、有效性，促使档案信息资源作为图书馆建设发展规律研究资料，为促进图书馆科学发展创造条件。

（二）确保图书馆档案长久保存和科学管理

高校图书馆纸质档案的管理不仅会消耗大量人力、物力、财力，还会随着时间的推移，出现字迹模糊、图片污损等情况，导致档案缺失、失真，大大降低档案的使用价值。而图书馆档案信息管理平台的构建，可以改变这一现状。因为档案信息管理平台可以对档案进行数字化保存，这将实现无纸化档案管理，如此纸质档案管理的缺陷将消除。除此之外，档案信息管理平台的构建，还可以使档案信息采集、修改、分类、整理等工作在网络环境下规范、合理、科学地落实，促使档案管理工作高质高效地完成，大大节约人力、物力、财力投入。所以，档案信息管理平台的构建可以使档案长久保存，并使档案管理科学化、规范化发展。

（三）开发利用图书馆档案信息资源

图书馆档案信息资源的信息相比图书、报纸、期刊等文献具有信息隐蔽性。但从目前我国高校图书馆档案信息资源开发利用的情况来看，档案信息资源在利用方面出现了重视收藏、但不重视利用的现象，有价值的档案信息被束之高阁，并没有发挥其应有的作用。如果进行图书馆档案信息管理平台构建，便可以对图书馆实施的各种工作活动资料加以收集，对产生的档案数据进行分类、整理以及著录并加以上传，促使档案信息尽快地、完整地收录在网站上，促使图书馆以外的读者可以在网站上进行档案信息资源查找，促进档案使用效率的提高，这将大大提高图书馆档案性资源的开发利用程度，促使档案信息资源使用价值得到提升。

三、高校图书馆档案信息资源的收录

目前，根据综合我国高校图书馆所保存的档案信息资源，可以被档案信息管理平台收录的档案信息资源主要有以下几种：

（一）党群工作档案信息

所谓党群工作档案信息，主要是上级党组织下发的党务工作文件。这类档案信息主要包括图书馆党组织制度、组织管理、实施的活动等，同时还包括党建工作文件、共青团工作文件等，这些资源与图书馆党组织工作息息相关，因此需要对党群工作档案信息予以有效管理。

（二）行政管理档案信息

行政管理档案信息是上级行政部门下发给图书馆的行政文件，这其中的档案信息内容以图书馆的规章制度、行政工作计划以及工作总结、经费使用、财务报表、人事编制、人事等为主。这部分档案信息与图书馆能否良好发展有很大关系，因此也需要对行政管理档案信息进行信息化管理。

（三）业务档案信息

业务档案信息以馆藏的各类图书及各类文献为主。除此之外，还有读者相关信息、技术部设备信息以及科学服务方面的信息。可以说，文书档案信息概述图书馆现状，可以作为优化管理图书馆的依据。档案信息管理平台收录此部分档案信息也很必要。

（四）文档信息

文档信息即是文书档案信息，主要包括信息档案管理文件和图书馆专业行业文件，包括图书馆各种往来合同、协议等。另外，还包括图书馆联盟活动、馆际活动等外事活动文件材料，图书馆馆史、机构沿革及图书馆分时期发展综述等文件材料。

四、高校图书馆档案信息管理平台的构建

（一）高校图书馆档案信息管理平台的构建

1. 档案信息管理平台构建思路清晰化

高校图书馆档案信息管理平台，主要工作原理为：利用校园局域网、计算机联机设备等构建信息管理平台，有效地管理档案信息，力求最大限度地提升档案信息资源的利用价值。档案信息管理平台的构建，首先要做的工作就是明确建设思路，也就是根据高校图书馆档案管理的实际情况及各种技术应用特点，结合高校情况，规范、合理地构建档案信息管理平台，使其在高校局域网的支持下，对图书馆档案信息实施管理、开发、利用，进而提高高校图书馆档案信息资源的利用价值。

2. 档案信息管理平台结构的构建

总的来说，高校图书馆档案信息管理平台的结构应由表示层、管理层、数据层三层框架组成，如此可以使管理平台系统地、有针对性地管理档案信息，以确保档案信息资源真实、完整、准确。档案信息管理平台包括信息资源管理员、各部门档案员、校园用户等，满足各个用户的不同需求。管理层包括档案数据维护、档案信息检索、档案信息统计，用以有效地处理档案信息。数据层则是各类档案信息数据库，用来处理、存储、发布档案信息。

3. 制定档案信息管理平台的功能模块

对于档案信息管理平台功能模块的规划制定，应以建立档案信息模块、检索模块以及平台管理模块。这几种功能模块的有效应用，可以使档案信息管理具有较强的档案信息处理作用、档案信息检索作用、优化平台应用的作用，这将提高档案信息管理的有效性。档案信息模块是对图书馆各项活动产生的档案信息进行收集、分类、整理、收录以及上传到管理平台工作进行处理；档案信息检索模块是对广大师生及读者所需的档案信息资源进行检索处理，促使档案信息资源可以被广大师生及读者所应用；平台管理模块是对管理平台的日常运行进行监督和控制，如若平台的某项或多项功能出现故障对其进行及时且有效的维护，进而提高管理平台的应用效率。

（二）高校图书馆档案信息管理平台构建应该关注的问题

高校图书馆档案信息管理平台的构建有着非常重要的意义，所以高校应当根据图书馆档案管理情况，规范、合理地搭建管理平台。但在实际搭建管理平台的过程中容易出现问题，给管理平台搭建带来消极影响。所以，高校图书馆档案信息管理平台搭建过程中，需要注意以下问题。

1. 档案信息管理平台的系统性、完整性问题

尽管我国科学技术水平有很大程度的提高，但计算机技术、信息技术、网络技术的开发程度有限。因此，在搭建图书馆档案信息管理平台的过程中，科学技术的应用无法完全支持档案管理的各项工作，如档案立卷、档案录入、档案文献加工等，这将影响档案信息管理平台应用效果。为避免档案信息管理平台存在系统性、完整性问题，在搭建档案信息管理平台的过程中应合理规划设计平台，在此基础上有序、有步骤地进行平台搭建，尽可能地保证管理平台的系统性、完整性。

2. 档案信息管理平台的安全性、稳定性问题

借助网络和现代信息技术搭建的档案信息管理平台，可以提升图书馆档案管理水平。但利用先进技术搭建的管理平台，在防火墙设置、病毒防范等安全设置方面存在缺陷，导致档案信息管理平台存在安全问题。因此，要想使档案信息管理平台有效应用，在具体进行管理平台搭建时应注意强化安全设置，如设置用户权限审查、IP限定、数据加密、增强防火墙设置等。

在高校图书馆档案管理信息化已成为必然趋势的情况下，高校应当有效利用信息技术、计算机技术、网络技术等，科学、合理地搭建档案信息管理平台，使其可以对图书馆档案进行全面、系统、有效地管理，促使档案信息资源安全、准确、完整，使其可以被广大师生及读者所应用。所以，高校图书馆档案信息管理平台的有效搭建是非常有意义的。

第五章 高校图书馆的学科服务

第一节 精准营销的高校图书馆学科服务

目前，我国高校图书馆学科服务普遍存在用户认可度低、学科服务同质化程度严重、学科服务的深度与广度不够等问题，这些问题主要在于缺乏对用户进行精细分类进而提供目标精准的个性化服务。因此，在学科服务中引入精准营销理论，建立以用户数据库为中心的动态循环体系，通过对精准营销实践的分析和总结，利用数据挖掘对用户精准定位，实现针对不同细分用户群的服务定制化，提供符合用户真实需求的有价值的服务，增强用户黏性，是关系用户长久良性发展的重要因素，也是实现学科服务创新的必经之路。

近年来，学科服务逐渐成为国外高校图书馆服务的中心，在国内也成为高校图书馆服务创新方面最大的亮点之一。但事实上，在国内除了少数高校图书馆学科服务成效显著外，大部分高校图书馆开展学科服务举步维艰，主要问题在于：第一，科研人员怀疑学科馆员的素质和能力，对学科服务的认同度和信任度较低；第二，学科服务不考虑本校实际，盲目跟风，同质化程度严重；第三，学科服务的基点失衡，以信息为中心，以图书馆为主要阵地，而不是以用户和信息需求为中心；第四，学科馆员的角色仍然是信息中介，没有融入科研教学过程，学科馆员与用户之间缺乏深入的互动交流，二者之间没有实现合作的驱动力量。

分析以上问题的深层次原因，主要在于学科服务缺乏营销意识，缺乏对用户的精准定位，所以无法满足用户的真实信息需求。美国西北大学雷斯纳教授通过自己与图书馆合作30年的经验得出：卓越的图书馆与无法达成目标的图书馆之间，最明显的差异在于营销质量。而目前我国高校图书馆就是处在"自我设计、自我发展、自我完善、自我欣赏"这样一个怪圈之中，使学科服务游离于科研工作之外。因此，学者提出将营销理论引入学科服务中。初景利在学科服务的难点与突破中，重点强调通过营销来打破学科服务的瓶颈;李莘、李纪提出"在学科服务中引入精准营销理论,通过精准定位服务对象,提供符合用户需求的有价值的服务,从而提升学科服务水平";刘大维等通过营销战略分析,制作出适合图书馆学科服务的营销策略;胡国芳、罗华文通过分析目前学科服务的营销现状,提出学科服务营销策略;王静、杨蔚琪、徐璟等在学科服务创新中都提出了营销策略。

从目前的研究成果来看,在学科服务中引入营销理论逐渐成为研究热点,业界学者的有益探索给予本研究很大启发,但目前将精准营销理论引入学科服务并进行系统化的研究还有欠缺。为此,本研究利用数据挖掘对用户精准定位,实现针对不同细分用户群的服务定制化,建立以用户数据库为中心的动态循环体系,打破原有的冷热对立模式,真正走近用户,提供符合用户真实需求的有价值的服务,使彼此通过合作而相互渗透,从而增加用户黏度,提高学科服务的核心竞争力。

一、精准营销

2005年,"营销之父"菲利普·科特勒首次提出"精准营销"这一营销传播的新概念。精准营销是在利用可衡量的现代信息技术手段的基础上,通过精准定位企业的目标客户群,建立个性化的沟通服务体系,以扩大企业的销售,从而实现企业可度量的、可持续发展的扩张之路。Facebook、亚马逊和谷歌等公司,通过挖掘和分析合纵连横的用户数据,掌握用户真实需求,通过提升营销效果,实现从传统基于用户生活方式等主观信息推测购买需求到基于用户信息行为等客观信息的营销模式转型,通过提供精准营销和个性化广告推介来开展商业活动并取得巨大成功。

谷歌、亚马逊等公司精准营销的成功案例给予学科服务营销深刻的启示。精准营销体现了"以消费者为起点,更以消费者为终点"的营销思想的精髓,这一理论与"以用户为中心"的学科服务理念不谋而合。根据D.Shumaker的研究,营销与推广被放在了学科服务成功因素的第一位。精准营销要求精准地细分市场、精准地了解用户需求、精准地定位目标用户群和精准地信息沟通。运用到学科服务中,精准营销就是精准地把服务产品和服务信息推送到用户手中,满足用户个性化需求,为用户提供增值服务,提高用户忠诚度,促进学科服务的发展。

二、基于精准营销的高校图书馆学科服务创新路径

（一）制订科学合理的精准营销规划

学科服务精准营销是一个复杂的系统工程，是对其信息产品及服务进行分析、调研、计划、组织、促销、分销等，满足用户信息需要，实现与用户的价值交换的一系列过程，涉及图书馆、院系以及学校各个层面的工作。学科服务精准营销规划可在资源建设、服务方式、管理机制等多个方面的协同发展指导下，在科学的调研和大量的用户需求、行为习惯等信息基础上，以学科服务开展过程中的突出问题为指引，从整体视角出发进行规划和控制，并且有系统、有步骤地完成，其中包括环境扫描、营销目标的确定、营销活动的方案、评估等。其中在目标的制定上，要注意量化和可测评性指标的合理设定，以便对精准营销活动进行客观的评估，从而为下一阶段动态循环中的营销活动的改进提供依据。

（二）建立学科服务精准营销体系

学科服务精准营销以"用户在哪里，服务就在哪里"为导向，凭借精准的用户定位、精准的信息挖掘与推送，为用户提供个性化服务和"一对一"营销服务。通过为用户提供持续超越预期的产品和服务，使用户跟学科馆员发生"联系"，让用户深刻感受到学科服务的存在和价值，从而提高用户黏性与忠诚度，并吸引新的用户，以达到用户链式反应，从而提高学科服务的影响力。要达到以上目的，高校图书馆可以建立以用户数据库为中心的动态循环学科服务精准营销体系。

（三）进行移动信息服务精准营销

随着互联网和多媒体技术的发展，高校移动用户飞速增长，学科服务可选择多种渠道直接向用户定向和精准地传递个性化信息，如微博、微信、博客、学科服务平台等，通过与用户的互动达到精准服务的目标。Kristina M.DeVoe 认为，微博将会促进图书馆参考咨询服务的开展；M.J.Whitchurch 认为，QR 码可促进用户参与并支持图书馆移动信息服务。因此，学科服务可借助先进的多媒体技术手段，通过文字、图片、视频等对学科服务内容进行立体化描述，通过"多对多"或"一对一"的传播提高营销效率，从而进行学科服务的品牌推广。但在移动信息推送时必须注意"选择谁""选择什么内容"，这是移动信息精准服务的核心问题。因此，学科馆员必须选择合适的用户，提高移动信

息服务的针对性；选择权威的、经过深度加工的、与用户科研契合度高的信息，提高移动信息服务的价值；坚决不能频繁地推送大量价值度不高或者重复的信息给用户，以免引起用户反感，以致失去用户。

（四）加强对学科服务人才的培训和引进

大数据环境下学科馆员可依靠新的信息技术或数字化工具平台为用户提供深层次个性化服务。密歇根州立大学、伊利诺伊州立大学、北卡罗来纳州立大学和亚利桑那州立大学都已经开设了大数据相关的课程和研究方向。其所培养的学生要接受数据挖掘、优化、数据库管理以及数据安全、客户分析等一系列与数据有关的训练。学科馆员应转变为信息专员，即专门为科研团队打造的"信息专家"，更加强调"嵌入式"的知识服务，强调学科服务与用户及其需求过程的紧密结合。学科馆员既要有将非结构化数据进行处理及深度分析的技术，又要有将数据转化成知识的思维，还要与科研用户在深度项目上进行协同。因此，高校图书馆应充分利用各种途径和手段，培养、引进具有计算机及营销管理的专业人才，同时对现有学科馆员进行系统的、不间断的知识及技能培训，以提高学科馆员的服务水平。

（五）建立科学的管理和评估体系

学科服务精准营销，要注重营销过程中的管理和营销活动中前后的对比评价工作，通过对营销前的摸底调查、营销过程中的嵌入式服务、与用户的互动交流、营销活动收到的用户反馈等的调查与跟踪，设计合理的量化指标，对整个精准营销活动进行评估，以便提出进一步的改进措施。

在基于精准营销的学科服务创新路径中，学科服务精准营销体系的构建对整个营销路径来说至关重要，因此本节有必要对其进行重点研究。

三、学科服务精准营销体系构建

通过对精准营销理论的深入研究与在学科服务的应用经验的总结分析，作者建立了以用户数据库为中心的动态循环学科服务精准营销体系，包括以下几个方面：

（一）建立完善的用户数据库

精准营销要求精准地定位目标用户，而这一要求是建立在对用户信息行为分析的基础上实现的,通过深入挖掘用户数据,比如对科研人员的个人信息、教学信息、科研信息、教学活动、科研活动等进行数据的收集、分析与整合,从中提取有价值信息;在遵守法律道德的情况下,尽可能多地收集用户的行为信息维度,为后面将要进行的精准分析奠定数据支持基础。如复旦大学自 2012 年起就利用 ERU(电子资源使用统计分析和访问监控项目)采集用户访问复旦大学图书馆订阅的期刊数据库的信息行为数据,这些动态数据为学科服务分析和知识发现提供了重要的数据来源。另外,图书馆的各个部门都要关注和参与用户数据库的建设,充分发挥馆员的主观能动性,利用关系营销,挖掘用户显性和隐性信息。

(二)精准细分,定位用户群

学科服务对象较为广泛,既包括校内科研人员及学生,又包括校外其他机构的研究人员、企业和社会人士等。不同的学科信息用户个体不仅有共性需求,还存在个性化的信息需求。因此,学科服务要对用户群进行细分,选择特定的用户群作为自己的主要服务对象,通过建立用户模型,制定符合用户需求的服务模式,实现精准的信息推送与跟踪服务,并进行服务有效性的评估与管理。此外,要定期对采集的数据进行动态挖掘分析,以便对用户进行精准的分群、分层的管理与分析。

(三)精准宣传

学科馆员要将学科服务宣传推广纳入各相关学科服务工作中,学科馆员可深入院系,通过走访院系、拜访教授,向院领导和科研人员进行专题书目、个人成果收引、课题研究综述、研究热点、竞争力分析等的介绍,将图书馆学科服务的内容直接推送到目标用户手中,拉近与用户的距离。同时在院系师生中选定学科服务固定联系人,构建学科服务立体化联络网点。学科服务还可进行个性化宣传,如德州大学图书馆通过 YouTube 视频介绍学科馆员及其服务的学科领域。学科馆员在精准宣传的过程中,要积极将与用户的信息交流拓展到情感交流,实现用户服务需求,激发用户与馆员的合作兴趣,以交流联络促进学科服务的深化。

(四)提供个性化深层次学科服务

学科馆员利用数据分析工具,密切关注学科前沿领域,通过对用户行为监测,不断改进用户数据搜索和信息分析的方式,确保学科服务的判定、决策和推送过程的智能、及时。学科服务从单向性的专题报告或舆情监测向趋势性预测报告和数据驱动型信息专题转变。学科馆员逐渐提高用户对学科服务的认可和依赖程度，形成学科化服务品牌，如上海交通大学图书馆推出的 IC2 创新型服务品牌、武汉大学图书馆建立的以"SERVICE"为服务理念的嵌入式服务营销体系、同济大学图书馆实施的"双伙伴"计划等。

（五）实行"一对一"的营销服务

企业最为讲究的就是合作与互利，企业营销成功的关键也在于"以客户需求为中心"，找到与客户之间的利益共同点，从而促成进一步的合作。"一对一"的营销服务主要指在学科服务过程中及服务结束后为用户提供"一对一"的持续性服务。比如，在文献管理软件培训后，用户在使用过程中还有许多细节问题尚未解决，学科馆员通过多次后期指导，帮助用户解决问题，为用户提供持续性的学科服务，从而和用户建立长期稳定的良好关系，增强学科服务的信誉度。

（六）建立精准完善的用户增值服务体系

美国 HPP 公司将大数据用来分析电子图书用户阅读习惯和偏好，构建智能分析引擎，提供有针对性的服务并取得很大反响。加州大学尔湾分校的 Renaud、麻省理工学院的 Britton 等人利用大数据技术对用户行为进行深度挖掘并对其相关信息进行关联分析。因此，在学科服务过程中应积极利用云计算、大数据等技术对学科信息进行深度挖掘，提供满足并超越用户期望的需求的深层服务，如信息环境支持、课题情报跟踪、研究热点与前沿分析还有竞争对手（目标机构分析等等），从而提高用户满意度，培养和提高用户忠诚度及重复利用率，并吸引新的用户，以达到用户的链式反应。此外，对流失用户应建立预警机制，分析其流失原因，并进行深入评估，积极采取相应的补救措施，以免用户继续流失，尽力促使用户回流。

以用户数据库为中心的动态循环学科服务精准营销体系的各部分相互关联、相互依存、互为基础，共同促进学科服务的深入发展。

本研究将精准营销理论应用到学科服务领域，对学科服务的创新路径进行了深入探讨。但精准营销作为新兴理论，在学科服务领域的应用尚处于起步阶段，无论从操作工具上还是方法的开发上都不够成熟和完善，因此还需进一步深入研究。另外精准营销会受到隐私保护、信息伦理、数据壁垒等多重因素的影响，因此学科馆员如何从复杂的数据中提炼出有用信息、如何量化营销效果、如何建立有效营销、如何增强营销相关度是需要深入研究的课题。

第二节　提高学科化服务的必要性

本节主要围绕高校图书馆在已有的学科化服务基础上，形成人性化、服务型、科学化、规范化的综合管理。在概述高校图书馆学科化服务管理必要性的基础上，深入研究提升高校图书馆学科化服务的有效措施，更好地发挥高校图书馆在综合发展中的整体职能。

高校图书馆基本职能之一是为学校的教学和科研服务，为了将图书馆的服务更好地拓展开来，高校图书馆提高学科化服务具有一定的必要性。清华大学图书馆首先引进学科馆员制度，随后，国内很多高校图书馆相继实行学科馆员制度，并开展学科化服务。图书馆根据某一学科专业的需要而指定的信息服务人员即学科馆员，负责一个或多个院系的学科联络，在学科专业与图书馆之间架起一座相互沟通的桥梁，为用户主动、有针对性地收集和提供信息服务。高校图书馆在学科化服务方面除了要形成学科馆员制度之外，还要形成信息化、科学化、多元化等的整体模式，更好地为学校的教学与科研服务。

一、高校图书馆提高学科化服务的必要性

（一）有助于实现人性化的综合服务能力

在高校图书馆的综合职能中，主要突出"尊重人的尊严、实现人的价值、追求人的发展、体现人的关怀"等方面的内容，构建和谐的阅读空间，并通过学科化服务模式的建立，形成重服务、重管理的综合模式。这样，在现代科学技术等支持下，形成与师生读者全面的一对一对接，不仅可以增强读者对读书馆信息量的摄取，并在人文关怀中找到一种自我求知、自我学习的力量，有效地实现高校图书馆的综合服务能力。因此，在整个发展过程中，能全面实现对人性化服务的精准运用，提升整个服务的综合功能。

（二）有助于构建信息化建设与服务的渠道

在高校图书馆的信息化建设过程中，主要是通过现代计算机以及信息化网络建设的运用，结合计算机软件创新管理，信息化立体式、便捷式服务的模式，让读者在现代信息化建设的背景下，通过信息化的渠道阅读到自己想要的知识点，可以减少读者在阅读上的繁琐性。高校在聚焦网络技术与信息化技术层面的创新上，可以构建优质化、信息

化建设的绿色通道，实现图书馆整体价值的功能。并且在信息化计算机阅读模式的设计中，实现以读者为核心的服务理念，创造读者最大目标的服务模式，形成"以人为本"的服务理念，更好地彰显出高校图书馆的整体价值。

（三）有助于推动图书馆自身管理的增强

在信息化技术建设的大背景下，高校图书管理人员要在不断提升自我素质的基础上，形成信息化、学科化服务的意识。为了提升自我的综合素质，要在图书馆管理过程中不断了解读者的需求，创新现代科学技术，融入现代化检索技术、二维码扫描技术等，形成对图书管理的学科化服务方式，并通过自我的提升，在强化高校图书馆学科化管理的过程中，实现对读者更高需求的运用点。因此，在整个自动借还系统、基于用户需求的服务信息化系统等方面的运行上，形成在基于位置的移动图书馆的服务模式中，实现客户的整体需求；在移动环境的模式下，对读者综合位置、附近基础设施、信息场所等，形成移动控制的服务方式，在学科化服务的创新中，增强在服务能力上的整体运用。

二、构建高校图书馆学科化服务的有效方式

（一）个性化服务与自动化服务模式的创建

在高校图书馆学科化服务的运行中，最主要的就是突出对图书馆整体职能的创新运用，因此，要形成个性化服务的综合模式。其中，要建立个性化服务以及自动化服务的方式。在个性化服务的过程中，主要就是通过建立移动图书馆信息管理服务方式，通过对高校图书馆建立移动平台，建立与读者的沟通机制，进一步了解读者的需求，然后依据读者的不同需求提供相应的服务，主要包括新书到馆的通知、预约书目、参考咨询、读者信箱等，形成个性化检索、个性化定制、个性化收藏等综合服务模式。因此，在移动图书馆的建设中，形成对整个数字化图书馆的个性化服务方式，采取智能化处理方式，形成不同读者群体的特色专题服务方式，形成个性化的定制、收藏等服务。此外，在自动化的服务过程中，可以形成互动性的服务模式，在加强图书馆与读者、读者与读者之间的多向互动上，接收图书馆服务到整个建设之中，有效地实现图书馆与读者之间的双向交流与互动参与。尤其是在搭建与读者之间的移动交流平台上，通过论坛、博客、微信以及RSS、SNS等方式，形成及时的信息交流互动，取得更好的实质性效果。

（二）人性化服务在学科化服务中的创新运用

在高校图书馆的综合管理中，要形成人文关怀意识的综合运用，尤其是在对读者整个智能化服务的基础上，要创造学科化服务的温馨环境，通过营造浓厚的学习氛围，让读者在浓浓的书卷气息中感受到阅读的魅力。因此，在创新信息化环境的过程中，形成一种动静结合的现场阅读环境，构建色调搭配合理、馆内舒适的环境，营造一种浓厚的文化欣赏氛围。在阅读空间的体现上，可以通过计算机综合阅读的方式，让读者在阅读中全面放松，提倡一种开放式的阅读模式，体现一种生命的魅力和人文的关怀。不断打破传统的借阅模式，倡导开放式格局的建立，形成开放式人性化服务的运用，做好传统文献参考、参考咨询、学科导航等多方面的服务，为读者提供良好的开放平台，让读者感受到阅读能带来更大的魅力。

（三）集成化信息模式中的图书馆集成服务

图书馆信息服务的集成是以信息资源集成为基础，以统一的综合门户与应用为平台，为用户提供统一的门户服务，集用户认证、统一检索、信息导航、参考咨询、信息定制、信息交流等多种服务于一体。由于手机浏览性能、输入效率较差，移动用户更习惯利用统一的入口进入各类内容页面，这就需要图书馆加强对馆藏资源和服务的整合，根据用户的各种需求特征将各种传统、数字化的内容加以整合，建立统一的图书馆移动服务窗口。同时，将图书馆和系统或数据库供应商的移动信息服务系统加以整合，形成统一的用户服务窗口。

因此，在高校图书馆建立学科化服务管理的模式，不断融入现代化的信息管理手段，突出以人为本的服务理念，实现信息化建设与科学化创建模式的融贯，能起到很好的带动性，尤其是在整个服务过程中，更好地推动学科化运行的综合效益。

第三节 高校图书馆学科服务滞后的原因

学科服务是基于高校学科建设发展需求，以学科馆员为核心，以高校图书馆各类资源为服务载体，以学科服务平台为依托，以满足学科用户需求为目标，通过各种方式向学科用户提供的专业化、个性化、知识化服务，旨在推动高校学科建设及发展。这一全新的服务模式是高校图书馆主动适应新形势下高校学科建设发展，更新服务理念、创新服务模式的具体体现,也是高校图书馆主动迎接挑战、服务教学科研大局、提升图书馆形象、推动高校图书馆事业又快又好发展的重大举措。

一、国外学科服务发展现状

国外学科服务以美国最具代表性,从理论研究到实践操作层面,都取得了较为显著的成果与成效。就理论研究看,美国图书馆学界普遍认为学科服务是新形势下图书馆服务的发展趋势。例如,美国专业图书馆协会(SLA)原会长 Guy St Clair 认为"我们已经从追求信息的时代步入到了追求知识的时代,在共享知识和知识发展成为一切事情和交流的基础时,学科知识服务就理所当然地成了信息使用的有效管理方法"。美国图书馆协会(ALA)前主席 N.Kranich 认为"信息资源的开放获取使得学科服务更有利于整合资源、信息导航"。Beagle 认为"学科服务是一种围绕综合的数字环境而特别设计的组织和服务"。Marshall 等认为"专业图书馆的发展趋势是开展学科服务,而专业图书馆员应具备的专业能力之一就是通过理解专业知识,共享专业知识,为用户提供学科知识服务"。从实践操作看,美国内布拉斯加大学图书馆于1950年设立分馆并配备学科馆员,开启了美国高校图书馆学科服务的先河。进入21世纪以来,美国高校图书馆学科服务更是扎实推进,有力促进了所在学校的学科建设发展。据2007年美国研究图书馆协会对63个研究图书馆的调查发现,94%的图书馆开展了学科服务,并建立起了完善的管理、认证制度和评估指标体系,取得了很大成效。美国高校图书馆学科服务主要以二级学科为对象,几乎覆盖学校所有学科,学科馆员阵容庞大。调查发现,2007年美国排名前20位的大学图书馆有18所开展了学科服务,其学科划分平均数为84,配备学科馆员89名,其中最多的是耶鲁大学,有155名学科馆员。学科馆员从招聘、培训、考核到薪酬晋级已经形成了一套完整的体系。学科馆员通过定期评价制度,对自身定位容易把握,工作目标更加明确。而且,美国高校学科服务体系完善,服务方式先进;学科馆员队伍整齐,综合素质高,服务能力强。例如,北卡罗莱纳大学绿堡校区图书馆15个学科馆员要对全校49个系和交叉专业的教学、科研进行支持和帮助;康奈尔大学图书馆拥有18个分馆,馆藏总量约800万册,近500名馆员,50名学科馆员,平均每10名馆员就有1名学科馆员,分别隶属于主馆和各专业分馆,整体素质较高。这些学科馆员除从事传统的馆藏建设、参考咨询和院系联系服务外,还融入科研活动的全过程,研发在线出版平台,进行数据监管,同时还将信息素养教育融入课堂教学中,将学科服务推进到前所未有的高度。

二、国内学科服务发展现状

相比国外，国内高校图书馆学科服务的研究和实施要晚得多。1993年，李熙在《中国图书馆学报》发表《高校图书馆专业集成化服务模式初探》一文，认为高校图书馆"应按学科专业对读者开展集成化综合性服务，融书报刊、中外文于一体，工作者的业务工作具有学科定向性，进行高层次的学科服务"，显然，该文已有了学科服务思想雏形。1996年，朱铮在《公共图书馆"划学科服务"悖论》一文中明确提出图书馆应该推行学科服务，与李熙的观点紧密呼应。至1998年，清华大学图书馆正式创建学科馆员制度，开启了国内高校图书馆学科服务之先河。目前，国内大部分高校图书馆都不同程度地推行了学科服务。

从提出学科服务概念，到学科馆员制度推行，再到学科服务不同模式出现，国内高校图书馆学科服务呈现出各具特色的工作流程和运行格局。仔细审视国内高校图书馆学科服务的研究及实践，无疑还存在一些问题，体现在不同层次、不同地区、不同隶属关系的高校对学科服务重要性的认识程度及开展成效存在明显差异。大致来说，重点大学、部属院校与发达地区高校普遍重视图书馆学科服务，且学科服务开展初具规模，效果显著，如清华大学、北京大学、同济大学、上海交通大学、西安交通大学等。而普通高校、地方院校及落后地区高校对学科服务则重视不够，尚处于探索阶段，效果不佳。有的甚至至今仍未开展此项工作。总体上看，国内高校图书馆学科服务显得相对滞后。

三、国内学科服务发展滞后原因分析

（一）高校领导层认识偏差

高校图书馆是为教学科研服务的学术性机构，是高校的信息化产业基地，为师生教学、科研和学习提供文献信息资源保障，在高校发展大局中处于举足轻重的地位。然而，长期以来，不少高校主要领导认识不到图书馆在高校发展大局中的重要地位，一再淡化、弱化图书馆的功能与作用，随之而来便引发了诸多问题，主要表现在以下几个方面：一是对图书馆经费投入与使用重视不足。学校划拨给图书馆经费缺口较大，只是在本科教学评估时，为满足馆藏生均图书100册、年进新书生均4册的硬性指标要求时才增加图书购置经费。图书馆采书缺乏原则和标准，好书、劣书一并购回，严重影响了馆藏质量。二是进人计划中缺少图书馆学方面人才。高校进人计划很少甚至不考虑图书馆的用人需求，图书馆反而成了"收容所""安置站"，造成专业技术人才极度匮乏，管理人员整体素质偏低。三是对图书馆在学科建设中的定位不准。在意识上，认为图书馆是教辅单位，学科建设发展是学科团队和教学院系的事情，与图书馆关系不大；在行动上，有关学科建设的活动不要求图书馆参与，组建学科团队时，也不考虑引进图书馆员，导致图书馆在学科建设发展中被边缘化、无力化。上述这些情况不仅严重制约了高校学科建设发展，也影响了图书馆学科服务工作的开展。

（二）图书馆馆长学非专长

学校在任命图书馆馆长时，不是从图书馆发展与图书馆工作属性和技术要求角度考虑，而是出于平衡关系或解决干部级别待遇问题。这些被指派主持图书馆工作的领导缺少带领发展图书馆的基本经验和图书馆学基本知识；履职后，先得调整心态、了解馆情及基本业务，待到心态调整到位、馆情及基本业务熟悉后，不是被调离，就是面临退休或退居二线，如此循环往复，当然谈不上创新图书馆服务模式及主动适应新形势、擘画图书馆跨越式发展大计了。

（三）图书馆宣传力度不够

图书馆对自身的宣传力度不够，造成学校领导及学科用户对图书馆服务学科建设的作用缺乏足够了解。高校图书馆学科服务是20世纪90年代后期才兴起的一种新型服务模式，是图书馆常规服务的拓展和延伸，部分学校领导、普通教师、科研人员对图书馆学科服务知之甚少，而图书馆在此方面的宣传也不到位，致使学校在推动图书馆服务学科建设发展方面缺少政策支持与制度保障，学科用户也缺少利用图书馆的积极性，影响了学科服务的进展。

（四）学科馆员综合素质不高

学科馆员是实施学科服务的主体，是连接图书馆与学科用户的桥梁和纽带，其整体素质直接决定着学科服务的效果和质量。而高校图书馆推行学科服务工作以来，许多图书馆以此作为工作创新点而急于布局实施，在人力资源有限的情况下只能降低学科馆员的任职条件，或将工作人员经过短期培训后匆匆上岗。这些"学科馆员"知识储量有限，业务技能较低，工作缺乏主动、创新意识，严重影响了学科服务的效率和质量。

（五）学科馆员管理制度缺失

许多高校图书馆缺少完善的学科馆员管理制度，诸如学科馆员任职条件、岗位职责、绩效考核等，缺少制度层面的硬性规定，致使学科馆员开展服务工作缺乏制度依据，从而制约了学科服务发展。

（六）学科图书馆藏质量不高

近年来，为适应高校学科建设发展，给学科用户提供优质文献资源保障，图书馆日益重视学科资源采购，设法提高学科图书馆藏质量。一般情况下，每逢采书都会邀请院系专业教师一同前往，但有的教师并非立足于专业及学科建设发展大局进行采书工作，而是出于自己教学科研主观需要选购图书，从而使图书馆藏学科资源质量没有得到根本改观，也制约了学科服务的开展。

（七）地域局限

作为远离一线城市的地方高校图书馆，受区位环境、交通条件、信息交流及传统思维等方面的局限，从馆领导到普通管理人员对新生事物的敏锐性、感知度、认知度相对较低，对图书馆学科服务这一崭新服务模式的认知比较滞后，行动迟缓，影响学科服务的开展。

四、改进措施

（一）高校主要领导要树立图书馆在学校发展大局中有着举足轻重地位的意识

教育部最新修订、颁行的《普通高等学校图书馆规程》（以下简称《规程》）指出，"高等学校图书馆是学校的文献信息资源中心，是为人才培养和科学研究服务的学术性机构，是学校信息化建设的重要组成部分，是校园文化和社会文化建设的重要基地""图书馆的主要职能是教育职能和信息服务职能。图书馆应充分发挥在学校人才培养、科学研究、社会服务和文化传承创新中的作用"。可见，图书馆在高校发展大局中的重要地位。所以，高校主要领导务必要改变传统的固化的轻视图书馆的思想，严格遵循《规程》，从图书馆与高校教学科研、人才培养、学科建设密切相关方面出发，切实加大对图书馆人力、财力、物力的支持力度，消除图书馆作为引进博士家属、教授夫人、病残人员、"问题教工安置所"的情况,彻底改变图书馆在高校被边缘化或临界边缘化的尴尬境遇,将图书馆纳入学校发展的整体规划和蓝图中,推进图书馆学科服务的发展。

(二)图书馆馆长要用人得当

《规程》要求"图书馆馆长应设置为专业技术岗位,原则上应由具有高级专业技术职务者担任,并应保持适当的稳定性"。这就要求高校领导层在选拔图书馆馆长时,必须改变过去那种非专业性选拔标准,打破图书馆仅是"收容所""中转处""安置站"的固化观念,要站在高校发展大局与图书馆长远发展高度,立足图书馆自身发展规律、图书馆馆长的岗位属性与技术要求,选择品行优良,图书馆学专业出身,懂业务、会管理的高技术职务人才为图书馆馆长,推动图书馆事业及学科服务发展。

(三)图书馆要加大学科服务宣传的力度

高校图书馆学科服务兴起于上世纪末,是一种新型服务模式。由于发展时间较短,很多学校的领导、教师、科研人员对图书馆学科服务功能还不是很熟悉,因此,高校图书馆必须就学科服务的意义、作用、模式等进行大力宣传,使广大师生特别是学科用户认可并乐意接受,进而主动寻求学科服务。围绕怎样宣传,怎样才能收到好的宣传效果,图书馆上下要开动脑筋,多想办法,群策群力,集思广益,让宣传方式、途径、渠道多元化。例如,可以通过图书馆主页、学校 OA 自动化办公系统、校报、学报、宣传橱窗、展板、BBS 公告、图书馆官方微博微信、学科服务 QQ 群、专题报告等形式向广大师生推介学科服务。图书馆领导要积极向学校主要领导宣传实施学科服务的重要意义,争取学校政策和经费支持;普通馆员应加强向师生宣传、推动学科服务力度,扩大师生对图书馆学科服务的深入了解,调动学科用户在学科建设发展中主动寻求图书馆提供服务与支持的积极性,推动高校学科建设与图书馆学科服务互促并进格局的形成。

(四)着力提高学科馆员的综合素质

学科馆员综合素质欠佳是造成高校图书馆学科服务水平不高的重要原因之一。所以,学校和图书馆必须花大气力,采取切实步骤,着力提高学科馆员的综合素质。鼓励、支持并创造条件,让学科馆员取得更高一级的学历,提高学历层次;筛选思想素质高、专业基础好、接受能力强的学科馆员轮番脱产进修或短期培训,及时更新观念并补充新的知识;分期分批选送学科馆员到重点高校图书馆短期参观学习,学习对方学科服务方面的新理念、新做法;选派有科研潜质的学科馆员参加全国性图书情报专业学术会议,鼓励学科馆员申报各级各类科研课题，有计划地举办学术交流活动，提高其科研能力。通过这些举措为图书馆培养造就一批学术带头人及谙熟现代化图书馆业务技能的综合素质较高的学科馆员骨干，更好地服务学科建设。

（五）完善学科馆员管理制度

由于高校图书馆管理制度体系中缺失学科馆员管理的内容，致使学科馆员开展服务工作缺乏制度依据，从而影响了学科服务的有序发展。为推动学科服务工作的扎实开展，图书馆等待完善管理制度，建立涵盖学科馆员的完整的管理制度体系，使学科馆员推行学科服务有章可循、有据可依。笔者认为，学科馆员管理制度，应包括任职条件、岗位职责、考核评估三个层面。

1. 学科馆员任职条件

学科馆员不是一种单一的角色，而是多种角色的综合体，需要具备多种能力。凡任职学科馆员，应满足以下条件：硕士及以上学历或副高及以上职称；具有相关专业的学科背景，了解其学科发展现状及对文献信息的需求；丰富的图书馆学、情报学基础知识，谙熟馆藏结构与资源分布，能为学科用户提供优质高效服务；娴熟的计算机、网络信息检索技术，具备利用参考工具与检索工具帮助学科用户利用图书馆获取文献情报信息的能力；较强的语言表达、写作、公关、协调能力，能独挡一面开展工作；有较强的敬业、负责、团队协作精神和用户服务意识，视学科服务为事业追求。

2. 学科馆员岗位职责

学科馆员岗位职责应包括：定期征询学科用户对图书馆文献资源建设和服务方式的意见及建议，并及时将征询到的意见及建议反馈给图书馆有关职能部门，作为图书馆加强文献资源建设与改进服务方式的重要依据；通过多种渠道向学科用户宣传推介图书馆的信息资源与服务，传递图书馆信息资源与服务方面的最新信息；举办相关讲座及学科用户培训，提高学科用户的文献资源利用率；在熟悉本馆有关学科诸如图书、期刊、工具书、数据库等馆藏情况及其使用方法的基础上，搜集、鉴别和整理学科用户的信息资源需求及利用状况；通过电话、电子邮件、在线交流、当面咨询等多种方式了解学科用户的教学科研情况和发展动态，及时解答学科用户疑难，为学科用户提供参考咨询服务，协助学科用户进行相关课题的文献检索；主动与各学科专家、学科带头人建立联系，了解其最新教学、科研课题的进展情况，协助其进行在研课题的专题文献检索，逐渐做到有目的、有计划、有针对性地为学科用户教学、科研提供定题服务和参考咨询服务；掌握相应学科的学术研究动态，追踪学术前沿，对一些热点问题、代表论著、新观点进行收集和分析研究，以二次、三次文献形式揭示给学科用户，为学科建设发展提供参考；定期参加学科服务工作会议并提交工作报告和情况综述。

3. 学科馆员考核评估

学科馆员的考核评估是其管理制度的重要组成部分，建立科学、合理、有效的绩效考评体系，是促进学科服务发展的关键。图书馆应遵循定性与定量相结合的原则，具体从履职情况、服务创新、读者评价三个方面对学科馆员工作绩效进行精准考评，对考评时间、考评参数、奖惩标准等均应有明确规定，促使考评工作顺利进行。

（六）提高学科馆藏资源质量

图书馆学科馆藏资源质量不高，造成学科服务发展滞后。因此，应着力提高学科馆藏资源的质量，使馆藏资源更加丰富，推动学科服务向前发展。为此，图书馆要充分发挥学科馆员与院系联络员的作用，根据高校教学科研、学科建设发展对文献信息的需求，加大向学科建设发展方面的资源购置力度，逐步形成具有明显的学科优势和特色的馆藏体系。具体来说，要突出以下几个方面：（1）围绕高校优势学科、强势学科和特色学科的建设发展，加强文献资源建设，加大经费投入规模，形成具有明显学科优势的馆藏特色。（2）注重高校重点扶持的新兴学科的文献资源建设，使文献资源保有量基本满足新兴学科的建设发展需求。（3）保持学科重要文献和特色资源的完整性和连续性。（4）注重学科网络虚拟资源建设，整合实体资源与虚拟资源体系，逐步形成馆藏文献资源丰富、网络资源占有一定优势的学科特色明显的馆藏体系。

学科资源建设的关键是把好文献采访关。为此，图书馆要落实并强化学科馆员、院系联络员制度，通过他们广泛征集各学科用户意见，确保购置的纸质资源及电子资源完全满足学科建设发展需求。为做好学科资源购置工作，学科馆员要先对其服务学科的馆藏资源胸有成竹，然后将学科馆藏资源情况通报给学科用户，并征询学科用户的资源需求，进而将学科用户需求反馈给图书馆资源采购部门。采购的学科资源入库后，学科馆员适时将资源情况反馈给学科用户，征求学科用户新的意见或建议，并及时将征求到的意见或建议再反馈给图书馆资源采购部门，形成提高学科图书及电子资源的采购质量的良性循环，最大限度满足学科用户的资源需求，更好地服务于学科建设。另外，网络资源方面应注重海量信息的搜索、筛选、编辑与整合等，以二次、三次文献的形式提供给学科用户。还可在图书馆网页上开辟"读者荐书""读者选书"专栏，拾遗补缺，弥补因某些环节疏漏造成的学科前沿图书缺失，从而全方位满足学科建设发展对文献资源的需求。

（七）设法克服地域局限

地域局限是制约高校学科服务开展的重要客观因素之一。对此，高校图书馆要不断更新观念，积极适应新时期高校学科建设迅速发展的形势，提高图书馆对推动学科建设发展重要性的认识，接受学科服务这一新生事物，并以实际行动推动学科服务健康发展。可采取走出去、请进来、深度合作等方式消除地域对学科服务带来的不利影响。走出去，是指图书馆给学科馆员提供在职培训、脱产学习、参加学术会议、赴重点高校参观学习的机会，提高学科馆员的专业技能、知识水平与学科服务能力；请进来，是指图书馆根据学科服务发展需要，定期或不定期邀请重点高校的学科服务专家来馆做专题报告，提高学科馆员的业务技能，也可邀请数字资源商家来馆做数字资源推送专题讲座，提高学科用户的资源检索利用能力；深度合作，是指与学科服务开展成效显著的高校图书馆进行合作，选派学科馆员前往参观学习，借鉴对方在学科服务方面的先进做法，或加入图书馆学科服务联盟，借助联盟提供的统一检索平台、文献传递、馆际互借功能，满足学科用户的资源需求，推动学科服务的发展。

高校图书馆学科服务对于促进学科建设发展有着重要作用。由于各种复杂原因导致国内高校图书馆学科服务严重滞后，也极大地制约了国内高校学科建设发展。要改变这种局面，有赖高校、图书馆、学科建设团队和学科馆员诸方的共同努力，有赖观念、制度、人力、资金和技术等要素的落实到位，有赖软硬件建设的同步跟进，有赖各要素天衣无缝的啮合运行。唯有各方全力配合、共同协作，才能进一步促进高校图书馆学科服务的发展，形成高校图书馆学科服务与学科建设相辅相成、互促并进、良性互动的发展格局。

第四节　嵌入式学科服务

本节在对高校图书馆嵌入式学科服务的内涵与特征进行解读的基础上，进一步分析了高校图书馆嵌入式学科服务对高校科研管理的影响，并结合当前高校图书馆工作开展实际，总结了面向科研管理的高校图书馆嵌入式学科服务构建要素，最后提出了面向科研管理的高校图书馆嵌入式学科服务的建议，以期为高校科研管理工作与图书馆学科服务融合发展提供参考。

随着大数据技术的不断推广与运用，科学研究对信息化技术的依赖程度进一步加深，深入推动高校科研管理工作与学科服务工作融合发展已成为高校自身能力建设面临的新的挑战。高校科研管理工作与学科服务工作的结合程度，不仅反映了高校在新形势下综合性发展能力的整体状况，而且会对科学研究的进展效率以及信息化水平建设的发展方向产生重大影响。一方面，图书馆学科服务水平代表着高校图书馆信息化建设在数量、质量以及供给方式等方面的基本情况，其本质目的是服务于高校发展的方方面面，其中就包括面向科研管理的服务。另一方面，高校图书馆学科服务水平与本校科研管理的效率直接相关，原因在于：高校图书馆学科服务的供给越符合科研团队的基本需求，就说明高校图书馆的学科服务越能提升科研管理的效率，对科研进度的影响力就越强；反之，高校图书馆的学科服务同科研团队的基本需求不能形成有效匹配，就意味着高校图书馆的学科服务水平低下，无法有效地支持高校科研管理工作的开展。由此来看，基于满足用户个性化服务需求的嵌入式学科服务，能够在一定程度上推动高校科研管理与图书馆学科服务的融合发展。

一、高校图书馆嵌入式学科服务的内涵与特征

（一）高校图书馆嵌入式学科服务的内涵

嵌入式学科服务可以从广义和狭义两个方面进行理解。从广义来说，嵌入式学科服务就是高校图书馆围绕学科用户的实际需求，凭借互联网技术，积极进行学科服务，推行全面的、不受地域限制的、符合用户各阶段各种需要的、具备增值性特征的知识信息服务。从狭义方面来说，嵌入式学科服务就是高校图书馆学科馆员凭借互联网技术，针对学科用户各阶段实际需要，为其专门提供具有课题研究价值的知识信息服务。因此"主动嵌入、个性化辅助、融汇学科、增值提效"可以看做是高校图书馆嵌入式学科服务最根本的内容。

（二）高校图书馆嵌入式学科服务的特征

1. 主动性

嵌入式学科服务具备主动性，具体体现在以下两个方面：一是高校图书馆学科馆员

具备工作主动性。作为嵌入式学科服务的主体，学科馆员在工作中主动地融入科研过程，其过程不受图书馆地理位置的限制，并且能够积极主动地加强同高校科研人员的交流和合作。二是学科服务工作内容具备主动性。在掌握学科最新的研究成果、了解服务对象的实际工作内容和工作流程的基础上，有的放矢地提供有针对性的服务，积极帮助用户顺利实现工作目标。

2. 广泛性

广泛性首先体现在高校图书馆面向科研管理的嵌入式学科服务对象较为广泛，高校各个学习层次、各专业背景的学生、教师、专职科研人员，只要参与到科研活动当中，都可以看做是面向科研管理的嵌入式学科服务的对象。再者，不同的学科服务需求均可采用嵌入式的服务方式，无论是常见的文献信息检索需求、信息技术素养提升需求，还是直接与科研过程相关的数据挖掘需求、知识整理需求，都可以采用嵌入式学科服务方式。

3. 一致性

嵌入式学科服务是围绕用户实际需要的一种动态的、全面的跟进式服务。所以，嵌入式学科服务的目标、内容、方式以及定位均须和用户的需求相统一。馆员除了要担任信息服务提供者以及合作者的角色之外，还要强化和用户群体之间的联系，积极地融入其中。在课题研究过程中，可以将他们看做是课题研究组的成员之一。图书馆员通过与科研小组成员共同承担学科研究任务，不仅可以实现学科服务自身能力的提升，而且也可共同分享实现科研成果的喜悦，从而体现了"嵌入"的人文内涵。

4. 增值性

嵌入式学科服务的关键就是发挥现代图书馆信息网络技术方面的优势，再加上高校图书馆工作人员拥有用户所不具备的专业信息素养，可以为用户提供各种良好的增值服务。嵌入式学科服务具体表现为除了给予科研用户相关的立项查新调研和课题方面的信息资料之外，还可以给予其项目申报以及项目进行过程中的信息帮助，进而在提升科研项目效率的同时，提高其增值性。嵌入式学科服务的增值性通常体现在知识服务的每一个环节。

二、嵌入式学科服务对科研管理的影响

（一）有助于实现科研管理的个性化需求

在互联网信息条件下，以往高校图书馆的学科服务方式无论在服务内容、服务模式乃至服务精细化程度等方面，已经不能充分满足科研小组的个性化需求。这就意味着高校图书馆学科服务必须以新的服务模式来满足科研小组的多方面个性化学科服务需求。而嵌入式学科服务围绕用户的实际需求，化被动为主动，积极为用户科研决策的每一个环节提供所需的信息资源和服务，加强服务和用户之间的联系，创造能够满足用户各种特定信息需求的环境，是现阶段学科服务打破限制和更好发展的力量源泉。

（二）有助于推进科学研究的信息化

科学研究的信息化指的是通过网络技术，突破计算和储存设备、知识资源以及科研仪器等的地域局限性，强化其间的联系，针对网络科研，构建起一个通用的基础设施支撑环境，促进互联网中计算、数据以及服务等资源更好地共享和整合，进而为区域以及全球的合作提供实验环境方面的支持。一方面，在嵌入式学科服务方式下，科研人员更容易获取与其科研活动相关的各类信息内容，不仅包括文献信息内容，而且涵盖科研要素供给信息；另一方面，目前的实验性科研活动当中，先进的实验设备仪器往往伴随着巨量信息的产生，如何对这些巨量信息进行储存、管理、分析、应用等，已成为科研过程中可待解决的突出性问题，而在嵌入式学科服务方式下，馆员利用高校图书馆的大数据技术，能够有效地实现各类数据的储存和高效筛选利用。

（三）有助于满足科研人员对知识利用的需求

现阶段，科研方式的改变导致科研人员对知识检索的要求越来越高。科研用户愈加关注知识元和知识库的使用，如虚拟实验室和器械、科学计算软件及计算机辅助合成设计将会被更多地挖掘，科学研究可视化也会使知识的利用方式更加多样，而这些都可以在高校图书馆嵌入式学科服务方式下加以解决。此外，在数字科研的整体环境中，知识质量也在不断地改变，急需对缺陷知识和虚假知识进行知识整合，而高校图书馆嵌入式学科服务方式能够提高科研人员知识控制的效率，为其进行知识的归纳、检索和挖掘提供便利，推动将隐性知识转变为显性知识，从而提高知识利用的水平，推动科学研究更好地进行。

三、面向科研管理的嵌入式学科服务构建要素

（一）数字化学科服务共享平台

以往，高校图书馆服务于科研管理的内容，如科技查新、检索工具供给、查收查引、期刊来源查询、科研定题咨询、科研论文撰写与投稿、数据分析与挖掘等，基本上零散地分布在高校图书馆各职能部门当中，即便出现在数字化图书馆门户网站，其链接入口也难以完全被科研人员及时发现。此情况下的学科服务，呈现出难以融入科研人员研究进程、缺乏高效的专业化学科指导、各服务功能要素无法高效衔接的问题。而通过建立数字化学科服务共享平台，图书馆员可将上述服务内容有效地整合在共享平台中，不仅有利于各项服务信息的全方位展示，而且便于科研人员及时发现、获取，从而实现面向科研人员的集约化服务。

（二）专业化服务团队

嵌入式学科服务的基本条件在于馆员能够有效地融入课题研究小组当中，并充分发挥其特殊的工作职能。在当前条件下，嵌入式馆员要想真正服务于科研的全过程，不仅需要对科研课题的学科背景有一定的了解和把握，还必须具备咨询能力、策略规划能力、信息组织筛选能力、数据分析处理能力，以及现代化学科管理能力等多项能力要求。因此高校图书馆要想真正地为其所服务的科研小组提供高水平、专业化、个性化的学科服务，就必须组建具有多学科、多能力、多技术、多角色的学科服务团队，以团队的形式开展嵌入式学科服务，并使学科服务团队始终处于学科发展的前沿。在这一模式下，图书馆嵌入式服务团队，可以通过团队内部分工的方式，集团化地嵌入课题研究小组当中，实现与其他科研小组成员的有效沟通和合作。

（三）科学化的管理制度

面向科研管理的高校图书馆嵌入式学科服务是以课题研究小组为主导的形式复杂多样的服务模式，学科馆员因此其工作的开展必须有一定的科学化管理制度作为基础支撑。就制度设计的实质而言，必须明确以下五方面的内容：第一，了解嵌入式学科服务的目标、宗旨以及内容。第二，建立完善的嵌入式学科馆员相关制度，制定具体的学科馆员选拔标准，包括知识背景、年龄、学历以及各项能力等。第三，构建合理的学科馆员动态交流机制。学科馆员不仅是学科服务的实施主体，更是学科服务理念的践行者，所以

必须要在确保其稳定性，在避免合作机制和服务出现间断问题的同时，保证其具备相应的流动性，如可凭借末位淘汰制度，增加学科馆员的压力，促使其化压力为动力，激发学科馆员的积极性。第四，构建嵌入式学科馆员的培训机制，给予学科馆员完善知识结构、探索学科最新知识以及沟通和交流的机会。

四、创新嵌入式学科服务的建议

（一）充分满足用户的个性化需求

高校图书馆是高校最主要的资源中心，它主要服务于人，其根本目的是在提高图书馆资源利用效率的同时，促使人更好的发展。所以，高校图书馆必须转变服务理念，树立服务意识，贯彻落实以人为本的理念，并将满足用户的实际需要作为出发点。嵌入式学科服务体系是一种科学的管理体系，为了达到其要求，高校图书馆必须树立以满足用户需求为宗旨的服务理念。高校图书馆除了可以使用现场采访法和问卷调查法之外，还可以使用微信、微博以及门户网站等方式方法，来保证调查的广泛性，进而掌握用户的实际需求。然后在对信息进行广泛收集的前提下，按照种类进行归纳和处理，并从中发现用户需求的某种规律，掌握用户需求的真正特点。最后，结合用户需求的实际状况，通过学科服务平台来发布相关的资源信息，从而更好地满足用户的需要。

（二）强化综合信息资源的能力

目前，科研过程中所需的信息不仅数量多、种类广，而且对于信息的内容和时效性也提出了新的要求。在这种情况下，高校图书馆在开展嵌入式学科服务的时候，就必须通过科学数据管理，深入而全面地收集和处理信息资源，从而提高服务的水平。

综合信息资源的方法不仅包括对传统和非传统文献资源的完善，而且还包括强化机构间的合作和交流。其中，主要涉及图书馆和其他图书馆、院系以及信息机构之间的多部门、多区域和多行业的合作和交流。积极合作除了可以更好地分享网络科技文献资源以及科技服务，互相弥补不足之外，还可以提高资源建设的效率，避免人力和物力的浪费。

（三）强化学科导航系统建设

近年来，科研信息环境的不断改变，使科研人员对于学科服务的要求越来越高，他们希望可以获知国内外最新的学科发展情况，收集、整理包括新兴领域在内的各领域的信息，然后在研究、使用和再创新的过程中秉持创造性的精神开展各项工作。尤其是部分新兴学科和交叉性学科的发展迅速，专门研究此类课题的人员迫切需要最前沿的学科发展信息。在此背景下，我们就必须在归纳和整理高校图书馆资源的同时，建立和完善专题资源。所以，高校图书馆应该积极地使用如 Lib-guides 平台等工具来构建专门的学科服务网页，提高学科导航的具体性和针对性。

（四）发展集中化的嵌入式学科服务管理模式

我国大部分高校图书馆的学科馆员通常都具备一定的学科背景，但是他们并不集中于图书馆的某个部门，在承担专门的部门任务的同时，还需要完成相应的学科服务工作。这种管理模式既缺乏合理的规划，又过于分散，难以保证学科服务的协调性，更会限制学科服务团队之间合作和分享的效率得提高。另外，在大数据时代，科学研究的过程正向着差异化、知识化以及学科化的方向不断发展，而对学科服务进行集中化的管理有助于业务安排以及团队合作效率的提升。因此，高校图书馆在嵌入式学科服务具备成熟的操作经验的条件下，应当进一步发展集中化的嵌入式学科服务管理模式。

（五）形成面向科研管理的嵌入式学科服务评价体系

目前，关于高校图书馆嵌入式学科服务的研究大部分集中于如何进一步深化服务的内容，而关于科学的评价体系建立的研究还比较少。为了确保嵌入式服务的质量，高校图书馆不仅需要科学、合理的管理体制，而且需要完善、可行的量化评价体系。所以，高校图书馆必须要着重构建量化评估体系，并不断推动该体系的完善。而在构建量化评估体系的过程中，必须要针对学科馆员的工作效率和工作质量，构建专门的考核机制，针对学科服务团队和学科馆员也应构建相应的协调配合机制。与此同时，为了保证用户对相关服务的意见能够得到及时的反馈，且获得高效的回复，高校还必须构建服务反馈机制和回复机制。另外，还要根据实际情况，在构建有效的部门支持机制和服务平台搭建机制的同时，构建学科馆员的激励机制、加入队伍和退出队伍的相应机制等，从而实现提升学科服务水平、推动嵌入式学科服务更好发展的目的。

第五节　微信公众平台与高校图书馆学科服务

随着互联网信息技术的快速发展与普及，当前图书馆的发展趋势也逐渐迈向了新的阶段，以微信公众平台为主的互联网平台已经成为了高校内部的重要信息交流平台，对高校图书馆的整体服务水平以及功能结构产生了巨大的影响。本节对当前高校图书馆学科服务常见的问题进行了分析，并进一步探讨了基于微信公众平台的高校图书馆学科服务创新策略，希望可以为相关从业人员提供些许借鉴。

高校图书馆作为重要的资源搜集的平台以及获取知识的场所，对师生开展学习研究工作有着重要意义，也是提升人才培养效率和质量的重要场所。随着网络时代的到来，微信已经逐渐成为当前的主流通信工具，对人们的生活和学习有着重要的影响。高校图书馆服务建设应当以微信公众平台为基础，为学生提供丰富而全面的学科服务，保障学生能够及时获取全面而专业的知识信息，最大限度地满足师生的个性化需求，从而不断提高学生的整体文化水平和能力。

一、高校图书馆学科服务建设微信平台的重要性

图书馆建立的目的是为了服务广大师生群体，微信公众平台能够极大地提升学科服务质量和效率。在数字媒体技术未普及之前，工作人员主要通过笔记本记录的方式记载人们借阅书籍以及归还的时间，需要查询借阅的记录以及书籍购进时间等才能获取相关信息。所以，传统查阅方式是非常不便的，且浪费时间。随着互联网技术的发展与普及，学科服务工作开展过程中能够应用互联网系统进行查找，借阅者可以去图书馆进行查找，从而获取书籍相关信息，也存在许多的弊端。随着自媒体技术的应用，用户能够直接通过手机终端进行检索，也可以通过客户端进行下载，所以，微信公众平台学科服务创新工作是当前的重点工作内容之一。

另外，微信公众平台能够加强图书馆和读者之间的互动交流，用户往往具有鲜明的特点。公众平台的关注用户，很多情况下主要来自线下的宣传推广，加强读者与图书馆之间的交流互动，能够减少其后期取消关注的风险，所以，用户的黏度是比较高的。微信公众平台可采用通信技术，具有很强的交互性，用户也能够及时发现问题，并与图书

馆建立联系，工作人员也能够及时进行回复，这样能够有效提高用户的参与度，从而逐步实现工作人员和读者之间的互动与交流。

二、当前高校图书馆学科服务过程中存在的问题

（一）缺少相对应的学科服务公众平台

随着互联网信息技术的不断发展与应用，且涉及的范围仍在不断扩大，但是部分高校图书馆人员的思想观念比较落后，没有充分认识到信息技术的发展对高校图书馆建设产生的积极影响及重要性，这样便会造成缺乏相对应的专门学科服务公众平台的情况。另外，公众平台是一种新型的服务模式，部分图书馆人员并不熟悉，并且信息发布的时间相对较慢。这些方面的因素会造成高校图书馆不能充分利用微信公众平台开展相应的学科服务，从而降低图书馆的整体教育功能。

（二）服务缺乏实质性内容，服务性质受到局限

随着自媒体时代的到来，越来越多的高校开始逐渐建立属于自己的微信公众平台，但是因为管理人员对该项服务比较陌生，从而造成建设微信公众平台过程中存在一定的问题，如平台的服务内容比较单一，服务内容脱离实际的学科服务，缺乏一定的专业性。微信公众平台首先应对学生的学习服务进行相应的介绍，其次还应包括一些客服服务、关键词搜索等。如果在建设过程中没有充分考虑到平台应有内容，这样便会造成学科服务形式化的情况，也会逐渐远离学科服务平台的建设目的。

三、基于微信公众平台的高校图书馆学科服务创新策略

（一）建设基础性学科服务微信公众平台

高校图书馆首先应当建设基础性学科服务微信公众平台，对相应的基础性功能进行完善，在建设高校图书馆学科服务微信平台时，应当考虑建设的主要目的，结合微信公众平台的内容，开展服务性探究。如微信平台的信息发布功能，其主要针对图书馆的实际情况，定期推送相关信息，其主要用户为高校的教师以及学生。其次是一些参考性的服务，涉及的方面比较多，如在公众号中设置关键词回复，设置专门人员及时回答学生所提出的相关问题，也就是微信公众平台的客服。最后是在线课程学习，主要是为用户

提供一些学科资料、信息检索等相关资源，便于用户之间进行小组合作，同时为广大师生提供相应的交流互动平台，使师生能够充分发表看法和意见，此外也能够加强学术上的交流。这些服务能够保障服务平台在高校图书馆的使用高效性，有助于促进高校图书馆学科服务的创新和实践。

（二）创新思维模式

首先，要引导工作人员认识到图书馆管理过程中存在的借书难、查找难的问题，书籍资源有限，且记录工作量非常大等，这些问题都会严重影响工作效率。建设微信公众平台，能够有效改善存在的弊端，减少工作量，提升服务效率。其次，还应当对工作人员进行定期培训，要引导学科服务人员全面了解实际操作方法以及工作流程。通过系统化的讲解，员工能够逐渐掌握微信公众平台的操作方法，借阅的用户可以通过手机借阅和使用书籍，为用户了提供极大的便捷。

（三）细化学科服务

高校图书馆学科服务工作应当逐渐改善以往传统的服务模式，对于借阅次数较多且信誉度比较好的读者，可适当开通个性化服务特色，如高校数字化图书馆可结合读者的阅读信誉度以及阅读需求，对其放宽借阅量。另外，高校图书馆学科服务工作者还可以提高人性化服务，如当一位读者在阅读一本书时，刚好有其他读者也想借阅，读者如果已经借阅完毕，借阅者如果方便的话，可以提醒其提前返还，这样也有助于他人借阅。

（四）设置微信公众平台下载功能

网络中有着丰富的信息资源，随着自媒体时代的到来，许多读者并不喜欢翻看或者携带书籍，喜欢使用手机或者其他电子产品，所以，微信公众平台可以为用户提供下载功能。阅读者可以结合自己的需要，搜索相应的书籍，自行下载需要阅读的杂志或者书籍，这样能够避免携带不方便的情况，也能够避免时间和空间方面的限制问题。

（五）深入课堂，加强微信交流

交流和讨论是学生学习的重要方法之一，共同分享和借阅书籍有助于促进学生之间的相互学习。例如，新闻学专业中，有一个知识点是关于二次曝光的，教师可以在公众平台上推送有关二次曝光相关知识点内容，学生可以在手机里面学习，并与实践相结合；

学生也可以随时留言，发表自己的理解；或者是上传一些自己拍摄的作品，有助于学生之间相互学习和借鉴。

（六）建立多样性的微信公众平台

微信公众平台有着很强大的功能，其中便有实现图书资源共享的功能，学生如果对其他相关专业产生了浓厚的兴趣，便可以通过微信公众平台获取相关学习资料。另外，员工之间也可以分享视频软件，这样也有助于员工之间相互学习和借鉴，学生获取知识也变得比较快速。微信公众平台能够建立文字、语音传输、视频传输等多种模式，因此，只有不断创新才能够适应时代的发展需要，促使高校图书馆学科服务进一步创新和发展。

随着信息化时代的到来，微信已经逐渐成为人们生活中的一部分，高校图书馆要充分利用微信平台的强大功能，实现资源共享。自媒体平台有助于资源的整合利用，读者能够精准快速地获得相关信息数据。通过知识的共享，不断提升学生的综合素养，从而达到促进学生交流和学习的目的，实现高校教育的最终目的。

第六节　MOOC与高校图书馆学科服务

MOOC的兴起，为图书馆带来新的服务内容与契机。高校图书馆学科馆员如何承担起MOOC为教学、科研、读者等主体的学科服务，是有待思考和讨论的课题。本节简要介绍MOOC的特点，对MOOC与高校图书馆学科馆员的联系，MOOC下高校图书馆学科馆员在版权管理的作用，MOOC对高校图书馆学科服务的促进展开探讨。

大规模开放在线课程——MOOC，这个术语是2008年由加拿大爱德华王子岛大学的几位研究员提出来的。大部分学者认为MOOC是以定制的平台技术为基础、严格的课程制度为保障，以教师、学习者、平台之间无处不在的交互为经络，以交互产生的各种课程材料为骨肉，形成完整的生态系统。MOOC提供的高质量的课程以及轻松自由民主的形式符合图书馆学科馆员个性化的学习需求。

一、MOOC的特点

MOOC具有大规模、高端、在线、开放，免费的特点，能够有效帮助学生自由地获得世界范围内的优质课程资源，并通过网络接受在线教育。

（一）大规模（Massive）

MOOC的注册用户规模达到数千乃至数以十万计，学习者包括教育工作者、商人、研究人员以及其他对互联网文化感兴趣的人们。

（二）开放（Open）

MOOC是十多年来世界开放教育资源运动（OER）的延续，是开放教育潮流的重要组成部分。慕课（MOOC）是没有围墙的学校，不分学历、学位、种族、国家、肤色，特别是在职人员，只要拥有一台能上网的计算机就能随时随地上网学习，任何人都可以进行学习充电。

（三）在线（Online）

MOOC是以在线教育的形式开展的一种教育活动，在线是它的重要特征之一。视频能够永久地保存在网络上，学习者可以反复观看教学过程中的视频，没有时间和空间障碍。

（四）课程（Course）

MOOC不同于微课、公共课和大学的传统课程，有相似之处，也有很多不同。MOOC是由许多微课知识点组合起来的。MOOC学习完后，学习者要获得证书必须缴纳一定的费用，通过考试，才能取得课程证书。

二、MOOC与高校图书馆学科馆员的联系

随着国家大力发展信息产业及信息化的发展，《图书馆服务宣言》中指出图书馆要以促进学习型社会建设为己任，发展和开拓丰富多彩的服务以满足公众多样化的信息需求。MOOC在中国大地悄然兴起，也为高校图书馆带来新的服务内容和契机。MOOC与图书馆馆员的关系是什么，这是考察图书馆能做什么、如何面向MOOC开展信息资源嵌入和服务支撑的先决条件。

（一）高校图书馆学科馆员是MOOC信息的传播者

高校图书馆学科馆员作为信息的传播者和文化交流中心，如何承担起MOOC为教学、科研、读者服务的历史使命，有待其思考和讨论。高校图书馆犹如一条信息的高速公路，

是连接各个学科的桥梁。高校图书馆制作MOOC信息检索视频，重构教学模式，凝练知识体系结构，通过网络传播学习。

（二）渗透式信息服务，融入数学专业教学科研的学科化服务

MOOC的出现能够让高校图书馆学科馆员的渗透式信息服务得到升华和延伸。以内蒙古工业大学数学部为例，近三年来内蒙古工业大学数学部拥有内蒙古自治区教育厅科研立项课题15项，自治区自然学科基金科研立项课题5项，重点科研课题立项的有省级"数学分析"重点课程、校级重点扶持学科"基础数学"等。高校图书馆利用自身的馆藏优势，为其提供相关的信息服务，如高校图书馆学科馆员可以通过为使用者提供与课程相关的资源咨询、辅导，或者提供一些学习技能等，让使用者能够高质量地完成课程的学习和作业以及考试等。美国加州艺术学院网络数据应用专家兼社会媒体专家Elizabeth Dill表示，馆员应该成为MOOC圆桌会议中的一员，使其真正成为教育的合作者，而非仅仅是教师的支持者。

高校图书馆与数学部专业教师开设精品课程。高校图书馆学科馆员与数学部专业教师强强联手，采取线上线下实验教学与理论教学混合模式、课堂讲授和网上课堂的教学方式，开发教学资源，制作在线课程，根据专业设置不同的模块，或者选择已经存在的开放课程进行补充，开设精品课程资源网和专业文献检索课程，供学科馆员网上学习，广泛应用计算机信息处理技术和传输手段，整体推进，融合数学元素、专业符号，运用美工图画，重点突出教育教学的理念，创造独特的核心品牌课程。以MOOC建设促进教育教学资源的信息化和教学管理的信息化，不断提高教学水平和人才培养质量。作为致力于服务数学部专业的学科馆员，应重视MOOC，可以尝试通过MOOC平台提供的大量课程，通过注册学习，结合图书馆的专业知识，接触前沿的、本领域的学术专家，通过跟踪相关学科的最新发展，认清当前的形势和发展趋势，分析并调整自身的发展战略，提升学科服务能力，以期为教师和学生提供更好的服务。

MOOC串联知识点、重点、难点整合学科化信息。浸入式、嵌入式学科化信息服务，课程参考资料串联知识点、重点、难点部分的典型例题及数学应用实例，以帮助用户理解基本概念与基本理论，全方位无缝连接，从而达到培养用户分析问题和解决数学综合问题能力的目标。高校图书馆学科馆员对数学、科研提供信息资源支撑和保障，做自己的图书馆MOOC，进行信息素养教育并对本馆的资源以及服务进行展示，有必要对教学

人员制作的 MOOC 提供支持。所以，高校图书馆及学科馆员可以利用自身现有的优势，以浸入式、嵌入式的方式参与 MOOC。

三、MOOC下高校图书馆学科馆员在版权管理中的作用

制作 MOOC 过程中，高校图书馆需要对各种资源进行深层次的加工，因此可能会涉及一些版权问题。版权问题的管理在用户服务中将越来越重要，国外很多高校图书馆在本馆战略规划中明确指出，希望图书馆馆员能够为学生和教师在各种知识产权问题上给予帮助。这说明馆员在图书馆知识产权管理战略中发挥着重要作用。馆员作为资源的创造者，馆员作为支持课程内容设计与传递的专家，馆员还作为知识中心以及版权和获取途径的协调人。M.Schwartz 指出，图书馆在 MOOC 的发展、支持、评估及保存过程中，有许多潜在的角色，包括清理版权内容、支持制作、辅助学生、评价 MOOC、保存等。我国《著作权法》第 22 条规定了 12 种合理的使用方式，包括为介绍、评论某一作品或者说明某一问题而在作品中适当引用他人已经发表的作品，以及为学校课堂教学或者科学研究而翻译或者少量复制已经发表的作品，但不得出版发行等。高校图书馆学科馆员需要出面与出版商联系，标明作者出处、文章卷期、刊号等。文献传递每天不超过 300 篇，如中国知网、读秀数据库，书的章节传递页数每天限制为 30 页等。高校图书馆应加强对用户知识产权方面的培训，尽量减少侵权行为的发生。图书馆主页网站上，读者公告栏目要发布关于知识产权法律法规的介绍。

四、MOOC对高校图书馆学科服务的促进

传统的教学是把知识传递放在课内，而 MOOC 是把知识内化消化吸收放在课内，MOOC 是科技革命在教育领域的体现。用"海啸""颠覆""翻转"等高端词汇形容 MOOC，在教育界无疑是一声响雷，带来了前所未有的挑战。面临技术革新，也使更多的教师、专家、学生走进高校图书馆这座知识的城堡，查寻资料，解答难题。MOOC 对图书馆资源服务的促进不仅表现在数字化、网络化及新技术的配合应用上，还体现在与之匹配的学科服务上。高校图书馆资源服务的目的是实现知识价值和服务价值的增值，如软硬件服务、优化环境、新技术环境和用户需求高度契合，可以成为我们发展专业化乃至进行终身学习的工具。

(一)促进高校图书馆电子资源的使用

MOOC 在国内目前仍然属于新事物,处在认识发展阶段。EdX、Coursera、Udacity 之类的慕课机构,只有 EdX 平台是非营利性的。由于 MOOC 课程相比其他传统课程在阅读材料和资源获取等多方面有限制,这些限制为高校图书馆学科馆员在 MOOC 服务中带来契机。高校图书馆可开展智能咨询机器聊天、真人阅读、真人图书馆服务、馆藏资源外网挂接、即时咨询指导、信息交流与共建共享、RSS 信息定制等功能与服务搭建沟通平台,为读者答疑。MOOC 文献存储与文献传递、MOOC 课件下载服务、学科资源导航服务、MOOC 形式的信息检索课程,使 MOOC 通过互联网科技被再次推进,"图书馆中有 MOOC,MOOC 中有图书馆"交相辉映。

(二)提高电子阅览室视听设备学习场所的利用

教学科研人员如果要用摄像机视听设备录制 MOOC,用软件和计算机设备进行录制和编辑,那就要开展如何制作、如何适应新的教学方式和模式,还有各方面的训练。这些录制器材工具制作与培训不一定要在图书馆完成,然而借助高校图书馆得天独厚的优势确实是可行的。录制课程的教室、替代上课的视频演示,高校图书馆电子阅览室、视听室、演播大厅等将成为教学人员设计、设置、制作 MOOC 的平台。作为 MOOC 进程的一部分,高校图书馆学科馆员以补充式的途径参与 MOOC 是最直接,也是最简单易行的方式。高校图书馆学科馆员可以利用自身的专业技能,帮助对口院系教授制作 MOOC 视频材料,甚至可以推荐相关的开放资源给对口院系教授或者使用者进行共享。

(三)增加高校图书馆资源的开放存贮量

图书馆的功能是对信息进行存贮和开放。高校图书馆在制作 MOOC、保存 MOOC、自建共建各种类型的数字资源时,对教师提出了更高的要求:教师要成为集多学科的资深的专业导师、版权顾问、信息素养师、专业的摄影师、美术设计师、技能访问信息管理者。

高校图书馆学科馆员可以利用自己与对口院系的教师之间的长期合作,成为开放存取的 MOOC 使用者,从而帮助他们完成各项课程的作业或考试等工作。

高校图书馆科学规范收藏、管理、利用信息,加工、整理分类再重新组合,开放创新需要新的创新范式、创新课件或新的思维。用户的信息利用与服务构建,网络永久存在,不会停止,高校图书馆学科馆员要紧跟时代的步伐,进一步挖掘、集成和利用信息、复件或系统,构建新的服务导向,形成进一步创新的支持平台,并且丰富开放信息以及可连接性,为需要开设 MOOC 课程的教学团队提供服务,进而实现高校图书馆参与 MOOC 教学实践的目标。

随着 MOOC 的兴起,高校图书馆学科馆员要开展学科服务,积极应对 MOOC 带来的诸多机遇和挑战,调整原有的工作方式,成为一名 MOOC 时代的"教育合作者"。MOOC 理念应引领高校图书馆,风靡教育领域。

第六章　高校图书馆的学科服务管理

第一节　学科服务战略管理

本节探讨目前图书馆在开展学科服务中遇到的瓶颈问题，对上海交通大学学科服务的战略规划做了详细的解读，其学科服务战略管理是一个成功的且值得大家学习的典范。学科服务的战略管理是关系图书馆可持续发展的战略保障。

学科服务是现代信息环境下图书馆针对读者日益专业化和个性化的文献信息需求而推出的一种新的服务模式。它以用户为中心，以学科馆员服务为基本模式，面向专业院系、课题组和个人，建立基于院系的、院系协同的、面向一线教学科研人员的服务机制，以个性化、学科化、知识化服务为手段，以提升用户信息获取与利用能力为目标，旨在为教学、科研的自主创新提供有力的信息保障。

目前，绝大多数图书馆都在开展不同程度的学科服务，不论是传统的查新、参考咨询、文献传递等还是现代基于 Web 形式的通过 QQ 群、微博等服务形式的学科馆员开展的深入的学科化服务。笔者通过会务调研、电话调研等形式，了解到目前各高校图书馆都在开展不同深度的学科服务，但他们都说在开展服务的过程中会遇到许多瓶颈，如服务不知如何深入、下院系约见专家受阻、学科馆员的待遇如何保障、学科馆员是兼职还是专职好、开展学科服务是馆员个体出动还是以图书馆团队为方式规划等一系列问题。为什么中国目前大多数图书馆在开展学科服务中会遇到这么多的问题？通过对上海交大图书馆陈进馆长的深入讲解和网站的深入调研，了解到为什么上海交通大学学科服务在国内目前是一流的，它的成功范式是值得广大图书馆学习和借鉴并具有实践可操作性的。

管理学科分三个层次：管理基础、职能管理、战略管理。学科服务作为图书馆的一项服务，图书馆如果只采取五花八门的措施来开展工作，也只能做到管理基础和职能管理，要想提升学科服务管理水平，必须采取有效的战略管理，让其得到持续科学的发展。

一、图书馆制定学科服务战略规划的动因

(一)图书馆传统服务理念及服务模式需要改变

图书馆传统的学科服务是满足基于馆藏文献提示的浅层次服务。大学图书馆的服务，已经引起许多图书馆界人士的深入反思。一贯被动的、坐等读者上门的、以图书馆为中心的，以馆内阅览、书刊外借、文献复制（包括光盘复制）、参考咨询等为主的服务方式，都是基于馆藏文献的浅层次服务，这些内容已经无法满足大学读者深层次服务的需要。现代学科服务，强调按学术信息流开展服务，在知识和用户之间建立起有效链接；强调服务的主动性、个性化、专业化和智能化；强调知识和服务增值。现代及未来的大学图书馆，以读者为核心，强调创新，倡导一站式整合机制，鼓励小组学习，推广个性化和学科化服务。

(二)现代学术研究方式催生学科服务

现代各大学面对的除了本科生这类普通读者，更多的是科研团队，而许多科研团队又是团队协同研究，从事的许多科学研究是学科交叉地带，图书馆的资源按文献类型呈异地分布态势，如同一学科的图书、期刊等资源是按文献类型分别搁置的。为提高读者的信息查询能力与甄别信息的素养能力，图书馆必须开展学科服务。

(三)以用户为中心的服务模式是当前图书馆服务发展的趋势

按用户需求提供服务，即"用户驱动"。学科信息用户是图书馆特定学科资源与服务的利用者，是图书馆学科服务工作的服务对象。了解用户的信息服务需求，寻找学科服务的切入点和契合点，总结共性/规律性特征，将用户分群（类型）、分层次提供可行的、适需的、多样的、高效服务保障。按照用户或用户群的特点来组织各类资源与服务，创建个性化的信息存取服务是图书馆服务发展的趋势。

(四)大学图书馆需要有效融入教学科研和学术交流过程

图书馆要为教学和科研服务，现在不再是坐等在图书馆等着上门的服务方式，要有效融入教学科研和学术交流过程。要融入这个过程就要分析和掌握所负责学科的教学体系、课程安排、任课老师、学生情况等，分析和掌握所负责学科的科研动态和项目、科研负责人、研究生情况，分析和掌握所负责院系学科的学科建设、发展动态等信息。

二、图书馆制定学科服务战略规划的要素

（一）制定学科服务规划的目标

图书馆作为学校的三大支撑系统之一，要紧紧围绕学校的发展目标开展服务，如上海交通大学的目标是建设世界一流大学。

（二）确立学科服务的理念

图书馆服务理念是图书馆历史和文化的结晶，是对其独特文化内涵的一种简练表达。上海交通大学建立了以学科服务为核心的服务理念，具体内容是：资料随手可得，信息共享空间；咨询无处不在，馆员走进学科；技术支撑服务，科研推进发展。

（三）创新引领：建立学科服务体系需要创新

学科服务创新是一项系统工程，对于图书馆而言：理念、管理、机制、服务、文化、内涵，品牌等均需要围绕学科化服务工作进行全新定义与设计。学科服务创新意蕴创新动源，是以先进理念牵主线，以优化机制为动力，科学管理做保障，以文化建设铸内涵，以服务创新树根本，以塑造品牌谋发展。

（四）全局谋划

建立以学科服务为核心的组织机构、管理策略与运行机制。学科服务不仅是服务团队的主要工作，也是全馆各类组织机构业务工作的核心。因此，图书馆需要变革组织机构，细化职能结构，调整资源布局，建立全面完整的学科化服务体系。

（五）优化一系列机制保障战略规划的实施

1. 管理机制

馆内各业务部门围绕学科服务主线整体规划、组织业务全面保障、优化管理展开工作，通过整合业务管理部门、整合学科资源实现管理创新。而这些工作的调整要求有一套完善的激励机制、培训机制、竞争机制来保障管理的有效执行。总之，以管理创新为核心，以牵引机制、整合机制、约束机制、激励机制、培训机制，竞争机制为支撑保障。这就是通过优化管理机制，大大提高服务效能。

2. 运行机制

优化运行机制，围绕学科服务需求全方位组织资源。资源是服务的基础，要一改过去全部由采访人员做主采购资源的方式，改由学院师生、学科馆员、采访专家共同建设资源，最后由采访人员统一意见的"三一原则"。信息素养教育也由学院师生和学科馆员计划，做到不同学科有不同的规划和培养方式。资源的服务宣传也由他们共同参与，而不是图书馆在自己的网站或偶尔下院系的进行的不系统的、没有针对性的宣传。总之，是围绕学科开展共同参与的运行机制。

3. 团队机制

上海交通大学图书馆强调开展学科服务要优化团队机制，提倡交叉协同、信息与工具共享的方式。过去，大多数图书馆在服务的过程中，在馆领导的安排下开展某项服务后，学科馆员分头开展工作，后续工作没有集中汇总机制，这样就导致馆领导没法了解在服务过程中的共性问题和个性问题，会让各个学科馆员重复工作。

4. 激励机制

好的学科服务要有优秀的学科馆员，因此，需要优化激励机制，培训高素质的学科服务团队。通过专项培训、会议，学术交流等提升馆员的学科素养能力；培训馆员善于进行多元化、全方位的互动交流；成为院系师生的朋友和助手，从而提高馆员的沟通能力。学科馆员在学科服务工作实践中成熟、提高，成为图书馆的中坚力量，为馆员的发展提供上升空间。学科馆员以图书馆事业发展为目标，成为学科服务的开拓者，成为图书馆奉献精神的忠实执行者。

三、通过改革创新的系列举措推进战略规划的有效执行

（一）划分层次：针对不同类型的用户，学科服务要有侧重点

学科信息用户是图书馆特定学科资源与服务的利用者，是图书馆学科服务工作的对象。了解用户的信息服务需求，寻找学科服务的切入点和契合点，总结共性/规律性特征，将用户分群（类型）、分层次提供可行的、适需的、多样的高效服务保障。对大学图书馆而言，学科信息用户主要包括教师、学生、科研工作者以及其他类型用户。因此，对学科馆员来说，学科信息用户分析主要是分析和掌握所负责学科的教学体系、课程安排、任课老师，学生情况等，分析和掌握所负责学科的科研动态和项目、科研负责人、研究

生情况、所负责院系学科的学科建设，发展动态等信息。

（1）教学类群体：主要以嵌入课程式文献检索与信息素养培训及课程参考资料建设与服务为主，可以寻找特色课程（如精品课程、前沿课程、特色/创新课程、通识课程等）进行合作，协助编制并推荐购买参考文献，推送信息资料，合作规划课程大纲，在课程中预留若干学时提供专题信息检索培训。

（2）学习类群体：常规性信息素养培训，人文素养提升，专业学习激励与创新支持服务为主新生入学、毕业设计两个关键阶段的信息素养培训研讨室/创新实验室服务借阅积分奖励计划。

（二）机构改革：构建以学科服务为核心的组织机构

目前，大多数图书馆都有办公室、流通部、咨询部，采编部等10多个部门，这为学科服务信息的集中带来了不便。为此，上海交通大学将许多部门合并，成立了行政管理办总部、技术服务部（由系统部、技术加工部、采编部组成）、读者服务部（由参考咨询部和流通阅览部组成）。这样组合，为开展学科服务提供了有利的组织保障。为保障以"学科服务"为主线的全新服务，读者服务部按学科方向分别设置了工学、生医农理和人文社会科学三个学科服务部。此外，还设有一个兼顾基础服务的综合流通部。各学科部下面分别由学科馆员牵头，协同咨询馆员、阅览室管理员组成服务团队，面向各院系开展纵向深入的学科化服务，重点承担院系联络、需求调研、参考咨询、读者培训等工作，建立起能够迅速响应读者需求的服务机制。对于跨学科、全局性服务工作，如"信息素养教育""资源导航平台建设"等，则采用灵活组建工作小组的方式协同开展。这种纵横交织的组织架构，强调各学科服务团队、读者服务部乃至图书馆各部门之间的合作支撑、协同推进，充分发挥和调动了集体智慧和全员参与，保证服务有效、持续地开展。

（三）组织策划

上海交通大学图书馆通过组织策划，形成了阳光、积极的组织文化体系，凝聚了团队精神、创新精神、服务精神、奉献精神。通过一套服务理念、两种服务模式（普遍推广、重点服务）、三层支撑框架（技术层、资源层、权制层）、四大战略举措（突出特色、分层推进、整体规划、顶层设计）、五项行动计划（融入用户了解需求、环境支撑技术平台、信息营销馆员培训、学术资源机制体系、嵌入教研助力教学）、六类服务内容（院系联络、信息素养、资源建设、咨询网络、互助社区、个性化服务）等系列举措，为走进院系基地、融入学科团队，嵌入研究提供了切实科行的保障方案。

（四）塑造学科服务的品牌

战略规划是图书馆事业发展到一定阶段，图书馆视野从面向现实到面向未来，是图书馆从一般管理走向高层次管理的必然要求。进入21世纪，资源与服务两个方面发展迅速，取得了巨大的成就。相比之下，在学科服务管理方面，图书馆理论与实践都没有跟上时代和新形势的要求。许多图书馆还是依赖于馆长的个人智慧和经验管理，科学管理在许多图书馆还没有得到真正实现。而战略问题是管理的高层次，从这个意义上讲，图书馆由于缺乏科学管理的基础，直接影响图书馆学科服务的战略研究。因此，图书馆一方面要从科学管理做起，加强学科服务管理理论与应用的研究，提升管理在图书馆中的地位；另一方面要关注学科服务的未来和图书馆的可持续发展，加强战略研究和学科服务的战略管理。

目前，大多数图书馆所开展的学科服务都没有专职的工作队伍，而是临时组织人力、开展兼职性质的服务。同时，馆员由于缺乏有效的组织管理，没有制定明确的发展规划，自上而下难以形成共识，影响了学科服务的实际效果和深层次发展。通过上面对上海交通大学在学科服务方面进行的战略规划的介绍可以发现，只有做好战略规划，才能真正实现为用户提供更加专业化、个性化，深层次的学科服务的目标。由于各种类型图书馆学科服务的内容不尽相同，基本涵盖了针对不同学科用户群体的需求，可以提供个性化和有参考价值的信息资源推荐、过滤、导航、建设，学科咨询及学科情报追踪与研究也包括信息素养教育。但所服务的用户群体有所差异，学科馆员的具体组织、管理与运作千差万别，学科服务的内容和方式也没有统一的模式。为了保证服务的效果和连续性，各图书馆有必要制定学科服务的发展战略规划，以便有目标、有步骤、有计划地加以推进。

第二节　学科服务团队建设与管理

为促进图书馆由被动服务向主动服务过渡，高校图书馆须考虑与专业学科的合作，应从学科服务重视程度、组织管理、团队组成、绩效考核，信息平台建设等方面考虑。本节分析高校图书馆学科服务团队建设存在的问题，积极更新理念，探索健全管理机制、完善考评体系、加强平台建设的路径，以构建现代学科馆员制，建立一支优秀的学科服务团队，推动我国高校学科建设与图书馆服务模式的优化。

图书馆作为高校的知识库和学习资源阵地，其重要性不言而喻，在传统管理服务中图书馆多作为文献检索和传递的载体存在。信息时代的到来，图书馆开始转变理念，探索管理模式创新，嵌入学科服务，以促进与专业的融合，积极为师生提供专业化、个性化的高质量服务。1998年，清华大学图书馆首先引进了国外的学科馆员制度，之后国内多所高校相继引入。可见，我国高校图书馆越来越重视学科服务团队的建设。经过近20年的发展，虽然积累了不少经验，但整体而言仍处于初级阶段，提升的空间还很大。本节从高校图书馆学科服务的重视程度、组织管理、团队力量、绩效考核、信息平台建设五大维度，分析高校图书馆学科服务团队建设存在的问题，提出更新理念、健全管理机制、完善考评体系、加强平台建设等学科服务团队建设的路径，以期构建完善的学科馆员制，为我国高校图书馆搭建一支优秀的学科服务团队提供可参考的思路。

一、重新定位，重视学科服务

除清华大学、北京大学、上海交通大学，武汉大学等少数知名大学的图书馆外，国内绝大部分高校图书馆没有高素质的学科服务团队。在信息时代，大多高校图书馆的服务模式仍较为陈旧，是一种"被动式"的服务，其功能仅仅体现在书籍借阅上，与高校学科或专业建设缺少融合，难以主动为师生提供高效服务，难以推进科研教学工作创新，也不利于图书馆管理与服务水平的提升。出现这种现象的根本原因是高校图书馆不重视学科服务，很多高校图书馆还未完全意识到学科馆员制度的优越性。即使是在已经实行了学科馆员制度的高校中，也往往因为经验匮乏，理解不深，导致团队质量不高，难以满足高校教学、科研需要。在网络信息时代，高校图书馆应重新认识自我，找准定位，实现自身价值。高校图书馆应明确其服务对象是"为了获取与本专业有关知识信息"的广大师生，传统的图书馆员只负责图书借阅管理，不能满足师生"教""学"和教育科研新需求。因而高校图书馆应转变观念，清楚地认识到建设学科服务团队的重要性和必要性，增加此类图书馆员的数量。

二、优化组织结构，健全管理机制

一方面，我国高校图书馆在搭建学科服务团队时，学科馆员多从馆内选拔或抽调，且多为兼职。在图书馆馆员原本各司其职的架构中，选拔或抽调人员去兼顾学科服务，可能导致个别馆员工作任务繁重，也极易引起工作上的矛盾。学科服务是一项长期项目，需要具备专业知识与专业能力的馆员长期坚持，投入大量的精力、时间，这种拆东墙补西墙式的抽调、选拔人员的方法肯定是行不通的，至少不是长久之计，也很难为相关学科提供优质的个性化服务。另一方面，国内很多高校图书馆采取的是直线式的等级组织结构，从上到下分为主管校长、馆长、副馆长，业务部门等。这种组织结构方式存有局限性，如上级权力过重，基层馆员无权参与决策，容易挫伤其积极性。加之学科服务团队管理体系的不健全，制度无法彻底落实等因素，图书馆学科服务团队的作用并未得到充分发挥。

要让学科服务团队的作用得到充分发挥须加强各方面的投入，优化组织结构，构建现代化的管理机制。权力等级太过明显的"金字塔式"管理结构可能影响馆员为用户服务的质量，扁平化的组织结构可能更利于提高馆员的参与积极性，也更有利于提升学科馆员的工作效率。通过科学合并、适度裁减，让图书馆各部门为各"学科服务组"服务；再通过"学科服务组"管理组内学科馆员，让学科馆员直接面对用户，通过业务流程的横向管理，能够让用户以最快速度获得其所需信息。这种组织结构减少了上级管理人员数量，可增强学科馆员的专业性，赋予了基层馆员一定的决策权，其职责更为明确，服务内容与服务对象也更为明确，有利于其提高服务质量。同时，鉴于学科服务范围广、专业性强，因此图书馆须明确目标，吸取国内外先进经验，结合各图书馆的实际情况制定合理可行的制度，将学科服务具体化，并确保每一项制度都能够落到实处、起到实际作用。

三、施行资格认证，提升服务水平

当前，图书馆学科服务团队难以在数量和质量上同时满足高校教研需求，即便是国内顶尖的几个高校，其图书馆学科服务团队总人数也偏少，有时一个团队要负责两个或者多个院系，工作量大，必然会影响工作质量；而"一对一"或者多个团队负责一个院系，又会出现人员不足的困境。更为重要的是，从整体上来看当前我国高校图书馆学科服务馆员的综合能力偏低，很多馆员的图书管理经验较为丰富，但在学科服务上存在理念落后、知识老化，专业能力欠缺等问题。因此，学科服务团队中除了需要图书管理馆员外，还应增加一定的学科专业馆员，如相关学科的学界专家、业界顾问等。之所以会出现"一些高校图书馆有学科服务团队,却起不到太大的实际作用"的现象,其原因就是学科专业馆员太少,甚至没有。

针对这一问题,高校图书馆可根据实际情况施行资格认证制度,要求只有达到规定标准的馆员才能进入学科服务团队,以建设一支优秀的学科服务队伍。美国的经验值得借鉴,美国对学科馆员资格的要求很高,一方面,要求学科馆员原则上应具备专业本科学历与图书馆学硕士学位,一些知名院校甚至还要求双硕士学位;另一方面,在招聘学科馆员时,审核也较为严格,须经过初审、再审和终审三次考察,满足条件者优先录用。当然也有特殊情况,对于专业水平及各方面能力都很优秀,但学历不够的业界老专家或学者,也会酌情考虑录用。美国高校图书馆这种严格的资格认证制度大大提升了其学科馆员质量。我国高校图书馆若能建立此种学科馆员资格认证制度,对外可以广纳各界优秀人才,对内可提高内部人才的专业水平与综合能力。当然,学科服务团队建设是项长期项目,团队建设和人才培养不能中断,所以持续性非常重要,通过相互交流、相互学习,定期开展专业培训,可不断提高学科馆员的专业素质和综合能力。

四、完善考评体系,构建奖惩制度

一方面,某些高校图书馆的学科服务团队稳定性较差,表现为馆员工作杂乱,常顾此失彼;馆员流动性较大;部分馆员工作态度不认真、不积极,心不在焉。其原因主要是很多高校图书馆缺乏有效的激励机制。一些高校图书馆没有准确把握学科馆员的心理需求,未能提供令其满意的条件,导致人才流失严重。另一方面,考评体系不完善。在对学科馆员进行考评时存在定位偏差,部分高校图书馆盲目借鉴企业考评模式,以致常出现因利益问题而引发的矛盾,不符合图书馆开展学科服务的初衷。此外,考核指标体系也缺乏科学性,往往无法兼顾个人考核与团队考核,很容易挫伤馆员的积极性。

面对复杂的学科服务团队建设,若无一套严格规范的考评机制,学科服务就难以取得预期效果。为保障学科馆员全身心地投入工作中,提高服务质量,图书馆首先应通过激励手段调动积极性,激发工作热情,做到奖勤罚懒,以体现考核制度的公平性;其次,应该改善薪酬制度,提高待遇,予以生活上的帮助和补贴;再次,要提供晋升机会,在内部形成良性竞争,促进共同进步;最后,还要注重精神鼓舞,要让学科馆员在岗位上有自豪感、使命感,平时多举办文化活动,加强内部沟通和外部交流,丰富其精神世界。此外,为更好地实现服务管理目标,图书馆必须进一步完善学科服务团队考评制度,既要考核团队水平，又要兼顾个人能力考评。采取多元化的考评方式，馆员可自评、互评，在互相学习中发现自身不足，学习他人长处。考评内容全面，团队合作水平、整体精神面貌，用户满意程度，解决问题的次数和质量以及学科馆员的个人能力、工作水平、服务质量等都应纳入其中。

五、提供技术支持，加强平台建设

学科服务团队建设涉及多个方面，在当前网络信息化环境下，信息服务平台的构建应作为重点工作之一。推进图书馆充分利用网络信息技术，有利于学科馆员制度的推广，有利于团队效率的提升，然而，现实情况并不能令人满意。尽管不少图书馆都实现了信息化管理，但在学科服务上还较陌生，网页依然是静态模式，究其原因，主要有以下三个方面：一是内容有限且缺乏吸引力；二是设计不科学、不人性化；三是缺少互动功能，具体表现为信息更新不及时、界面美观度较差，内容缺乏针对性等。可见，大多数高校图书馆学科服务团队建设还处于初级阶段，平台完善要走的路还很长。

在网络技术不断发展的背景下，一方面，高校图书馆应该为学科化服务开设专栏，制作专门的网页，网页的内容不仅要体现学科馆员的信息，也要有学科服务的具体内容；另一方面，图书馆应该建立集成化的互动学科服务平台，技术力量比较强的高校图书馆可将 Lib Guides 作为学科服务平台建设的首选，充分利用 Web2.0 混搭技术进行资源、应用和服务的有效整合；技术力量不够以及学科服务刚刚起步的高校图书馆，也可以借助所购买的具有学科增值服务功能的数据库，搭建具有本校特色的学科服务平台，经费较多的图书馆还可以请专业团队开发专门的学科服务平台，以保障学科服务更专业、更个性化。

图书馆是高校的一部分，学科团队建设不仅仅是图书馆的工作重点，也应是学校的重大项目，图书馆要加强与院系、教务处等部门的沟通，增进了解，促进图书馆藏资源与学科的融合。面对来自资源建设、信息服务、信息素养培养及计算机技术等各方面的需求，学科服务也需要图书馆各部门的支持。学科馆员通过整合整个图书馆资源，可充分发挥其纽带和桥梁作用，保障其服务质量。学科馆员制是现代高校图书馆学科服务中的一种较为科学的服务管理机制，是现代学科发展与图书馆服务创新的产物，也是高校图书馆未来的重要发展方向之一。学科馆员制可促进图书管理与学科专业的融合，进而推动我国高校学科建设与图书馆服务模式的优化。

第三节　学科服务平台管理

　　本节根据高校图书馆学科服务平台建设和应用的特点，借鉴大多数网站管理和维护的经验方法和关键技术对学科服务平台进行管理，提供稳定高效的学科服务。

　　随着互联网的普及和高校图书馆数字化的发展，为了快速高效地开展学科服务工作，搭建学科服务平台成为了高校图书馆的最佳选择，因为它具有低成本、个性化和高效率的特点，能提供 24 小时不间断的服务。然而，建立学科服务平台仅仅是进行学科服务工作的开端。在学科服务平台运作后，只有不断改进设计、提供更多的服务，不断更新平台内容和信息，建立安全的管理和维护制度，学科服务平台才会具有持久的生命活力。

一、学科服务平台的维护

　　学科服务平台维护的目的是为了让平台稳定地运行，为用户提供全天候的服务。学科服务平台维护的主要内容包括服务器防火、防潮、防尘等硬件的维护，服务器操作系统和学科服务平台的安全管理维护，防范黑客入侵网站，定期检查学科服务平台的各个功能和各种链接是否有错等。

（一）服务器硬件维护

　　学科服务平台安装在服务器中，而服务器硬件在使用中常会出现一些问题，影响学科服务平台的工作效率，所以，对硬件进行维护是很重要的一项工作。服务器硬件维护主要包括以下内容。

　　1. 防火防潮

　　学科服务平台安装在服务器中，服务器的防火防潮工作不容忽视。第一，要给服务器所在机房选择时避开低洼或者阴暗潮湿的地下室、有害气体源以及存放易燃、易爆、易腐蚀物品的地方。第二，机房地板要使用活动地板，机房使用的建筑材料能防火、防潮、抗静电。第三，机房布线要整洁而有规则，设备走线要与空调设备、电源设备的走线分开，电源线和计算机信号线要分开。第四，所有设备之间应有一定的间隙，保证要有足够的空间进行通风散热，也方便设备的安装、调试及维护。第五，机房内必须保持一定的湿度和温度，并有良好的通风条件。

2. 除尘

服务器自安装之日起就开始不间断的开机运行提供服务，经过长时间的运行后服务器内部会积累大量的灰尘，随着时间的增加，灰尘会越积越多，灰尘积累到一定程度后，会影响各种器件的散热，严重的会引起电路短路造成服务器故障。所以，管理员要定期为服务器进行除尘。由于除尘需要拆卸服务器机箱，会涉及安全和保质期等问题，最好联系厂家安排专业的技术员进行除尘工作。

3. 定时巡查

巡检是一个常规任务，通过看服务器前面板的指示灯状态来了解服务器的运行情况；用手摸摸服务器的外壳，看是否过热；用耳朵听服务器的声音，判断风扇、硬盘等机械部件是否正常。好一点的 IDC 机房，会在机柜里放一个温度计，而这是一个不错的办法。

（二）软件维护

软件系统方面的维护工作也相当重要，主要包括服务器操作系统、学科服务平台数据库等方面的维护。

1. 操作系统维护

所有的应用程序软件包括学科服务平台程序都是在操作系统上运行的，操作系统能否快速安全稳定地运行直接影响学科服务器平台的应用。对服务器操作系统进行维护，应做到以下几个方面。首先，要安装正版的操作系统和正版的杀毒软件、防火墙，及时对操作系统软件和杀毒软件病毒库进行升级。其次，加强服务器管理员账户和密码保护管理。所有账户都要设置一些位数稍长、数字和字母混合的密码，密码要定期更改。再次，关闭一些不常用和根本不用的端口和服务。最后，定期查看和检查系统日志。加强服务器系统日志的定期监控和分析，确保系统日志程序运行，有效地掌握服务器的运行状态、发现和排除运行过程中的错误原因，了解网络用户的访问情况等。

2. 平台数据库维护

学科服务后台数据库负责保存和管理平台所有的数据信息，它是重要的数据源。这些数据相对来说应该都是平台非常宝贵的资源，所以需要定期做好数据库的本地和异地备份，加以整理存放，或者刻成光盘将其保存起来，如果系统发生故障或者数据丢失可以马上进行数据恢复，确保数据的安全。数据库经过一定时期的运行使用后，随着内容的增加和一些日志的日常积累，要及时调整数据库性能，使之进入最优化状态。

（三）平台内容更新

学科服务平台的内容是学科服务平台对用户提供服务的核心，而对平台内容的更新是平台提供服务最为关键的工作。

平台建设前期设计进行合理规划。平台的功能需求分析，确定平台上相对稳定的内容和需要经常更新的内容。学科服务平台系统一般需要设立前台显示系统和后台管理系统，对于经常需要更新的内容，管理员能登后台进行内容的编辑和提交，前台能自动获取后台的内容进行生成显示；而对于相对稳定的内容，对它进行模板设计，这些模板则不用改动，可大大便于后期的内容更新工作。

确保平台后续管理的投入。目前，大部分高校图书馆以购买或者外包项目方式进行学科服务平台的建设，也有少数图书馆进行自主研发。在平台建设初期资金和人力投入比较充足，而在平台上线后，由于对平台的管理不够重视，减少人力物力对平台的支撑，平台内容迟迟得不到更新，从而导致平台的服务质量大打折扣，所以学科服务平台建设对学科服务平台的后续管理和维护应给予足够的重视。

建立高效的内容管理制度。学科服务平台提供的各种资源和系统都依靠馆员从图书馆的各个业务部门进行收集和整理，展现学科平台的内容既要保证信息更新的及时性，又必须考虑信息的准确性和安全性，以确保信息获取渠道的畅通和信息发布流程的合理性。所以有必要建立从信息收集、信息审查到信息发布的良性运转的管理制度。

二、学科服务平台的推广和宣传

有些用户学科服务平台上线之后，如果不加以推广和宣传，用户想要找到平台就如同大海捞针一样，希望渺茫，甚至根本不知道有这个平台。这样的平台形同虚设，不能给学科服务带来任何效果，这种资源的浪费才是一个图书馆最大的浪费。根据图书馆的服务特点，可以采用以下推广和宣传的方法。

（1）在学校网站主页、图书馆首页、移动图书馆 APP、微信和微博的醒目位置添加学科服务平台链接。

（2）通过校内各种 QQ 群发、论坛发帖和印发传单等方式进行关于学科服务平台的信息宣传。

（3）图书馆举办新生入馆教育、培训讲座和文献检索课程加入学科服务平台使用等内容。

（4）馆员在与科研人员进行面对面的学科服务时进行学科服务平台的宣传。

三、对用户使用平台数据分析

在学科服务平台开设留言专栏和提供 QQ、邮箱和咨询电话等各种渠道的联系方式，用户在使用学科服务平台的过程中有问题可以及时地联系上提供学科服务的馆员。学科馆员应定期收集和整理用户反馈的意见和建议，为设计者对学科服务平台进行相应功能和内容的增加或调整、版面的设计等提供参考依据。

第四节 6S 管理模式

一、6S管理与图书馆学科服务6S

（一）6S 管理的起源及内涵

6S 管理起源于日本 5S，5S 管理是日本企业普遍采用的一种现场管理方法，5S 管理的基本要素为整理（Seiri）、整顿（Seiton）、清扫（Seiso）、清洁（Seiketsu）和素养（Seituske）。由于它们在日语中的罗马注音首字母都是 S，故简称为 5S。5S 管理的本质就是通过现场管理来提高工作效率和人的素质，最终形成一种稳定的企业管理文化。在导入 5S 管理法过程中，我国企业根据国内的实际情况加入安全（Safety）要素，最终形成中国企业的 6S 管理。

（二）图书馆学科服务 6S

学科服务作为图书馆服务的重要组成部分，在常规管理和业务工作要求方面，与企业对照有很多相似之处，根据其工作内容、要求及服务理念可以形成学科服务 6S 管理法。具体是指整理、整顿、清洁服务、嵌入、素养。图书馆学科服务 6S，更好地诠释了学科服务的工作内容及工作要求，图书馆在学科服务中引入 6S 管理有利于整合资源，提高人员素质，增强团队意识，加强与院系的合作交流，全面提升图书馆学科服务水平。

二、图书馆学科服务6S的实践

沈阳农业大学图书馆为更好地服务学校的教学、科研工作，助力学校的内涵建设，全面提升图书馆的服务质量，以信息服务工作为核心组建了学科服务团队，并借鉴现代企业 6S 管理模式，结合学科服务的目标和特点，制订了"学科服务的 6S"。经过在实际工作中的试点实践、经验总结、修订标准和全面推开等过程，最终探索出较为成熟完善、科学实用的图书馆学科服务 6S 管理模式。

（一）学科服务 6S 的推行步骤

1. 以项目的形式在图书馆党支部中进行试点

以图书馆申报的共产党员工程项目为契机，在 5 名支部委员中试点开展以 6S 管理构建图书馆学科服务优质体系研究项目，制订 6S 管理推行计划，确立 6S 各要素在项目实施活动中的具体细则和量化评价标准，并在项目中确切推行。

2. 以点带面，在党员中推广 6S 管理

支部委员试行 6S 管理一段时间后，要进行认真总结，重新修订具体细则及量化指标，并在党员学科馆员中进行推广，以融入一线为手段，以嵌入科研为目标，按照 6S 管理要求，创造井然有序、整洁舒适的工作及研讨环境，最终建成管理规范、服务一流的图书馆学科服务体系，为用户提供专业化、精细化的服务，真正实现学科服务嵌入科研用户的目标。

（二）学科服务 6S 的宣传动员

项目初期，需要做好 6S 宣传工作。利用图书馆的宣传展板等形式广泛宣传 6S 知识，通过聘请 6S 资深管理人士来图书馆授课，传授 6S 知识精髓，提升 6S 执行能力，进一步营造浓厚的 6S 管理氛围，发动鼓励大家积极参与，切实按照 6S 管理细则执行，从而确保学科服务 6S 可以稳步推进、扎实有效。

（三）6S 管理机构的设立

成立以馆长为组长、各部主任为成员的 6S 管理检查小组，对学科服务 6S 各项工作进行考核，馆长亲自抓 6S 工作的推进和执行，定期听取学科馆员的工作汇报，不断修

正各 S 要素在活动中的具体实施细则和量化评价标准，并建立书面考评制度，以促进学科服务 6S 在图书馆的标准化、规范化建设，确保学科服务 6S 管理能持续有效的开展。

（四）学科服务 6S 各要素的组织实施

1. 整理（Seiri）服务环境，科学规划布局

为做好学科服务工作，图书馆重新对办公环境进行整合，设立三个学科服务研讨室。研讨室除配备必要的桌椅、电脑和部分与学科相关的工具书及期刊外，每个房间还会依据服务学科的特点进行个性化布置，如农学研讨室会配置玉米、水稻的图片，植保研讨室配有一些病虫害的标本及挂图。研讨室的设立，一方面为学科馆员及院系教师定期面对面的沟通提供固定场所；另一方面为学科项目组从事专题性、持续性研究提供舒适开放的交流空间，房间布置会随服务对象的变化而变换，经常可以让人感觉耳目一新。

2. 整顿（Seiton）学科馆员，合理落实分工

图书馆以信息服务部为核心，把 45 岁以下、本科以上的人员，按照学科背景、年龄结构、性别及个人意愿等信息组成 3 个学科服务团队，每个学科服务团队依据学科背景及优势确定对口服务目标，以点带面，点面结合，主动深入院系开展服务。

3. 清洁（Sanitzation）房间卫生，改善研讨环境

学科馆员负责对研讨空间的全面清扫，在室内摆放绿色植物和鲜花，既净化室内空气，又能够营造优雅、舒适的休闲环境，力求为师生创造温馨如家的研讨空间。

4. 服务（Service）主动及时，考核量化到人

任何服务都应以用户的感知作为服务评价的主要依据。图书馆学科服务 6S 借鉴和利用了这样的方法，评价考核从平时的工作量汇总和用户反馈两个角度进行，要求学科馆员每月至少两次深入所服务的院系或学科，去介绍图书馆的新资源、新服务，了解所服务对象近期工作情况、申报课题的进展动态等，并于每月底提交当月的学科服务工作量。被服务的对象要对学科馆员的工作给予客观真实的评价，要认真填写图书馆统一印制的学科服务反馈表，并将反馈结果直接发给 6S 管理组长。这样不但能掌握学科馆员的服务数量和质量，也能为学科馆员 6S 考核工作提供相应的依据。

5. 嵌入（Scarf）学科专业，深化信息服务

与传统的学科服务相比，嵌入式服务作为一种新型学科服务模式，最显著的特点是

把人性化、个性化融入服务过程中。沈阳农业大学图书馆在学科服务中引入6S管理，以支撑科研、推动服务创新为己任，通过学科馆员深入一线，嵌入学科及科研课题，了解师生的需求和困难，探讨服务的切入点和服务方式，为他们提供专业化、深层次的服务。尽管这种学科服务6S还处于探索和起步阶段，但服务的内容与方法逐渐清晰起来，服务的效果也日渐显现。

6. 素养（Shitsuke）不断提高，实现互惠双赢

"素养"是6S管理的最终目标。学科馆员通过嵌入学科的服务，一方面提升自己的专业知识，实现图书馆学知识与专业知识的有机结合，增强服务学科的专业素养；另一方面，专业教师在与学科馆员的联络中，也能够去掌握检索信息的方法与技巧，了解图书馆中更多的资源及服务，提升专业教师的信息素养，实现双方的互惠共赢。

三、学科服务6S管理的成效

（一）提高图书馆的资源利用率

学科馆员主动深入院系，根据师生教学、科研的需求，提供深层次、个性化的信息服务，开展有针对性的资源检索与利用培训，使师生了解各学科、专业可以利用的各类型资源及检索方法，减少教师查找文献的盲目性，节约时间，提高效率。自开展学科服务6S管理以来，本馆Wiely、Science Di-rect等知名外文数据库的检索量及下载率都有大幅度提高。

（二）学科馆员的科研能力得到提升

通过"融入一线，嵌入过程"，学科馆员也从传统的提供信息者、资源培训者转变为活动的参与者，如参加专业学术会议、研究生开题等；有的学科馆员还作为科研课题的成员撰写项目申请书、担任项目评审组成员。嵌入学科服务不仅实现了学科馆员图情知识与专业知识的深度融合，而且还提升了馆员的科研能力，学科馆员申报各级课题的命中率有所提高，也吸引着更多的馆员加入学科服务团队。

（三）开启信息检索课嵌入专业课教学的新模式

将信息素养教育无缝嵌入专业课教学中，不仅是提升学生信息素养的教学新模式，也是促进学生有效的获取、评价、管理学科专业资源的新探索。通过学科服务6S管理

的实践，让教师亲身感受到了图书馆学科服务带来的便捷与高效，也对图书馆倡导的信息检索课嵌入专业课教学模式给予更多的关注，开启了信息检索课嵌入专业课教学的新局面。

6S 管理是一套科学、严谨的方法体系，是使制度的硬性管理和规范操作最后演化为员工良好行为习惯的现代科学管理手段。6S 管理也是很多知名企业的成功法宝。6S 管理模式引入到图书馆学科服务是一种有益的探索和大胆的尝试，它不是移花接木或照抄照搬，它是 6S 管理理念与图书馆工作实际以及工作细节的有机融合。在高校图书馆学科服务中推行 6S 管理，需要领导的重视、馆员的热情参与，更需要建立严格的检查及考核制度，并在执行的过程中不断细化和规范。如何使"学科服务 6S"成为引领图书馆日常工作的基础管理方法，如何使每一位员工把 6S 管理当成日常工作的一部分，这些需要图书馆人的不断思考与深度探索。

第五节 "双一流"高校图书馆学科服务管理

高校图书馆作为学科知识的集散地，将现有的学科知识进行了有效管理，并进一步转变为学科知识服务，最终为高校建设"双一流"提供学科服务支撑。本节以"习近平新时代中国特色社会主义思想"为指导，全面贯彻国家针对建设世界一流大学和一流学科出台的相关文件精神，从学科知识管理、学科知识服务两个方面进行阐述，探讨"双一流"背景下的高校图书馆学科服务策略；通过对高校图书馆学科服务的现状进行合理分析，摸索适用于"双一流"背景下的高校图书馆学科服务路径与方法。

"双一流"是"世界一流大学和一流学科"这一概念的简称，是我国在高等教育方面继"211 工程""985 工程"之后的又一国家重要发展战略。首批"双一流"建设高校共计 137 所。其中，世界一流大学建设高校共有 42 所（A 类 36 所，B 类 6 所），世界一流学科建设的高校有 95 所；"双一流"建设学科共计 465 个（其中自定学科 44 个）。"双一流"是国家在高等教育发展新时期的重要部署，将"985 工程""211 工程""优势学科创新平台"，以及"特色重点学科建设"等重点建设项目均统一纳入了"双一流"。

一、高校图书馆学科服务管理探讨

我国在确立"教师节"、实施"211 工程"和"985 工程"以来，高等教育的发展取得了卓越的成绩。一大批重点高校和学科均得到了长足发展，极大地推动了我国人才培养计划的发展，为我国科学技术和经济社会的发展提供了重要动力。

（一）高校图书馆学科服务现状

一直以来，读者用户仅仅将图书馆认成为一个不断聚集和分类存储包括纸本和数字化的信息资源的机器，而并没有充分了解到图书馆在信息服务领域的巨大潜力。在各行各业进行数字化改造，并引入最新的信息技术作为突破业务发展瓶颈的手段之时，图书馆所拥有的丰富传统资源如果无法紧跟科技发展的脚步，那极有可能会遭受巨大打击。当前，用户早已摆脱了从传统资源上获取信息的局限，更为广泛且富有吸引力的网络媒介成为他们越来越不可或缺的阅读方式。多种多样的信息获取方式在不断削弱传统图书馆在读者心中的地位。习惯使用互联网的用户，已经熟知各种搜索引擎和学术资源平台的信息检索技术，自助式使用已成为读者用户主流的信息获取方式，极大地降低了现场指导用户操作的人员存在的必要性。图书馆与馆员存在的必要性由此遭了到前所未有的挑战。在一些所谓的专业人士眼里，学科馆员无法直接创造经济效益，其存在的价值难以评估，且所有能够用网络技术代替的岗位，其存在的意义并不大。

（二）高校图书馆学科服务管理路径与方法

《统筹推进世界一流大学和一流学科建设总体方案》为高等教育工作者指出了具体的建设思路，《统筹推进世界一流大学和一流学科建设实施办法（暂行）》也解决了怎么选拔和支持的问题，《关于公布世界一流大学和一流学科建设高校及建设学科名单的通知》回答了哪些是"双一流"高校和哪些是"双一流"学科这个基本问题。"双一流"建设要加强总体规划，坚持扶优、扶需、扶特、扶新；要坚持以学科为基础，着力打造学科领域高峰；要结合本校实际进行合理定位、办出特色、差别化发展，努力形成支撑地方或国家长远发展的具有中国特色、中国风格、中国气派的一流大学和一流学科体系，着力解决经济社会中的重大战略问题，提升国家自主创新能力和核心竞争力。下面我们将从一核、两翼、三板块、八大管理支撑，探讨高校图书馆学科服务的路径与方法。

1. 一核

一核指以"习近平新时代中国特色社会主义思想"作为内核。在中西方文化大碰撞与大融合的时代背景下，中国要建设中国特色、中国风格、中国气派的一流大学和一流学科,就需要有一颗强大的中国心,这颗中国心就是"习近平新时代中国特色社会主义思想"。

2. 两翼

两翼指以"学科知识管理与学科知识服务"为双翼。打造学科知识管理平台和学科知识服务平台,一翼服务于高校图书馆(根据本校"双一流"建设方案实施学科知识管理体系的创新),另一翼服务于高校(根据自身"双一流"定位实施学科知识服务价值的传承),助力高校成为某一学科或者某些学科领域引领当地、全国乃至全球学科的旗帜,建设"世界一流大学和一流学科"。

3. 三板块

三板块指"教育教学""科学研究"和"决策参考"三大板块。"双一流"学科建设不仅需要加强总体规划,更需要"双一流"学科服务。不深入进行"双一流"学科服务的实践,就只能当"双一流"建设的观众。"双一流"学科服务要坚持扶优、扶需、扶特、扶新;要坚持以学科为基础,深入国家级重大攻关课题的服务领域;要结合本校实际进行定位,构建合理组织架构,提供特色的个性化学科服务;要努力形成支撑地方或国家长远发展的具有中国特色、中国风格、中国气派的学科服务体系,着力解决经济社会中的重大战略问题,提升本校自主创新能力和核心竞争力。高校图书馆学科服务落到实际,就是要整合本校已有的学科知识资源,按照本校"双一流"建设方案,管理好学科知识,开展好学科服务,支撑好本校"教育教学""科学研究"和"决策参考"。

(1)教育教学。加强高校校史建设,打造高校"双一流"校史文化传承库,注重高校的历史人文沉淀;以先进信息技术建立"双一流"精品课程学习库,优化高校课程建设;加强高校测评题库的建设,打造"双一流"学科题库测试库,坚持积极推进学科体系、专业体系、课程体系的知识服务,实现拔尖创新人才培养模式、协同育人机制、创新创业教育产出丰硕成果;加强高校成人、成才建设,打造"双一流"拔尖创新人才库,以培养优秀人才推动科学技术与经济社会的创新发展。只有将"双一流"的建设与高校教育教学的实际活动实现深度融合,完善质量保障体系,将学生成长、成才作为出发点和落脚点,大力推进个性化的培养,全面提升学生的综合素质、国际视野、科学精神、创业意识、创造能力,才能将国家"双一流"建设的政策落地生根。

(2)科学研究。加强高校专家智库建设,打造高校"双一流"专家智库平台,以人才为核心竞争力,强化人才在高校建设中的重要性,依托一批活跃在国际学术前沿的专家人才队伍的扩充，支撑起高校创新团队的和学科带头人的发展。

加强高校学科研究前沿建设，打造高校"双一流"学科前沿分析平台，跟进国家的重大战略发展规划，提升高校的前沿科学的发展，依托战略性、全局性和前瞻性课题的研究，促进高校在问题解决实力和创新实力方面的发展。

（3）加强高校成果转化建设，打造高校"双一流"成果转化对接平台，深化产教融合，将一流大学和一流学科建设与推动经济社会发展紧密结合，着力提高高校对产业转型升级的贡献率，努力成为催化产业技术变革、加速创新驱动的策源地。

（4）决策参考。加强高校投入产出建设，打造高校"双一流"绩效分析平台，促进高校教师队伍向政治素质强、整体水平高、潜心教书育人、师德师风优良的方向发展；推动一线教师向掌握先进的教学方法和技术、丰富的教学经验、良好的教学效果方向努力；促进一批活跃在国际学术前沿的一流专家、学科领军人物和创新团队，围绕本校"双一流"目标产出成果；促进教师结构优化，创建中青年教师成长的良好环境，为本校"双一流"建设可持续发展留足后劲。

4. 八大管理支撑

八大管理支撑，指"经费管理支撑""组织架构管理支撑""人才管理支撑""数据管理支撑""平台管理支撑""学科管理支撑""专业管理支撑"和"课程管理支撑"八大管理支撑。经费管理支撑是前提，组织架构管理支撑是保障，人才管理支撑是关键，数据管理支撑是基础，平台管理支撑是必要条件，学科管理支撑是目标，专业管理支撑是手段，课程管理支撑是具体举措。八大管理支撑不是孤立的，而是需要互联互通形成合力，才能支撑好高校图书馆开展学科服务管理。

（1）经费管理支撑。经费管理支撑是前提。"巧妇难为无米之炊"，高校图书馆开展学科服务的各项工作，履行各项服务职能，经费支撑是前提。贯彻落实本校"双一流"建设方案，提高图书馆学科服务组织的凝聚力、向心力、战斗力。如果没有经费做保障，那么再好的组织架构也无法发挥作用。有了经费支撑，还必须提高认识，站在更高的层面，管好、用好经费，必须服从、服务于本校"双一流"建设目标。不服从、服务于本校"双一流"建设目标，没有将有限的经费支持投入本校"双一流"建设亟待支撑的领域去，只能是浪费经费，。经费需要用在刀刃上。

（2）组织架构管理支撑。组织架构管理支撑是保障。"三个和尚没水喝"，高校图书馆开展学科服务通过对组织资源（如人力资源）的整合和优化，确立图书馆的"双一流"

学科服务在某一阶段最合理的管控模式，实现组织资源价值最大化和组织绩效最大化。

（3）人才管理支撑。人才管理支撑是关键。人才是"双一流"学科服务的根基，而服务好"双一流"建设关键是人才驱动。若没有人才队伍做后盾，"双一流"学科服务就是无源之水、无本之木，那么就更不可能开展好"双一流"学科服务。随着互联网、大数据、云计算、移动互联、人工智能等先进技术运用到图情领域，就要求高校图书馆学科馆员必须要具有较强的创新意识、专业素质、管理能力和技术能力。高校图书馆虽然有不少创新中坚骨干力量，但也要看到，在新时代图书馆学科服务背景下，管理人才和技术人才还比较稀缺，新兴学科和前沿领域的拔尖人才数量也还不多。高校图书馆只有围绕重要学科领域和创新方向，以更加开放的视野引进和集聚人才，造就一批高水平的学科服务管理人才和技术人才，才能从学科服务跟跑走向领跑。

（4）数据管理支撑。数据管理支撑是基础。高校"双一流"建设需要数据作为支撑，要"站在巨人的肩膀上"开展"教育教学""科学研究"和"决策参考"。阿尔法狗能战胜人类，依托的就是海量的数据学习，但并不是真正能达到人脑这种智能程度。所以高校"双一流"建设，必须建立在海量的数据基础之上。若没有海量的学科知识广度，也不能做到尽可能全面、尽可能精准、尽可能及时地收集国内外已经产出的学科知识成果，那只能是"盲人摸象""只见树木不见森林"。

（5）平台管理支撑。平台管理支撑是必要条件。高校图书馆作为学科知识的集中地，通过购买各种各样的数据库，积累了海量的知识资源。高校图书馆每年购买的数据库，少一点的有几十个，多一点的有几百个。高校图书馆每年在数字资源建设上都投入巨大，但经过数字资源查重，发现其中很多资源都属于重复建设，并且这些海量的资源，以库作为单元进行存储，各种学科知识呈"孤岛"形态存储于各种各样的数据库中，很难为高校"双一流"建设提供个性化的支撑。高校图书馆与其将有限的经费投入数据库数量多少的扩张之中，还不如结合本校"双一流"建设方案，重视自身特色优势学科的知识资源积累，以互联网、大数据、云计算、移动互联、人工智能等先进技术为手段，进行学科知识管理，进而形成本校"双一流"建设，提供教育教学、科学研究和决策参考。

（6）学科管理支撑。学科管理支撑是目标。建设"世界一流大学和一流学科"是"双一流"建设的目标。苏格拉底曾说"世界上最快乐的事，莫过于为理想而奋斗"。各高校"双一流"建设的目标，不是主观的臆造，也不是空想或幻想，而是经过努力可能实现的符合科学的目标。高校确定了"双一流"建设的目标，即有了做事的方向，这样就可以沿着这个方向去努力，事情便更容易成功。否则，气力乱用，花了气力却难以成功。

毛主席曾说"世上无难事，只要肯登攀"。确定本校"双一流"建设的学科，并整合本校内外两个方面的资源，协调集体行动的方向，有助于引导组织成员形成统一的行动。

（7）专业管理支撑。专业管理支撑是手段。所谓学科，偏就知识体系而言，一般是指作为知识体系的科目和分支；相对专业来说，学科是一个比较大的概念。"三百六十行，行行出状元"，这里的"行"可以理解为专业。高校的职能主要有三项，即培养人才、科学研究、服务社会。其中，培养人才，就有需要有培养的目标、培养的措施。专业就是专门培养学生从事某种学业和学问，具备将来从事某项或某些职业的能力。如果没有专业作为学科建设的手段，学科建设就不能很好的落实，只有具备一流的专业，能够培养一流的人才，一流的人才可以在各行业发挥关键作用，高校"双一流"的学科建设才算成功，才能称得上"一流的学科"。

（8）课程管理支撑。课程管理支撑是具体举措。在《朱子全书·论学》中有这样一些话："宽着期限，紧着课程""小立课程，大作工夫"等，讲的就是课程对于教育来说十分重要，课程既是对教育目标的确定，也是对教学内容和活动方式的规划，更是教学计划、大纲等实施过程的总和。高校很多专家、教授，专做科学研究，不愿意开展课程教学，特别是本科课程的教学。知识资源浩如烟海，"三人行，必有我师焉""闻道有先后，术业有专攻"。知识体系环环相扣，在不断进化和升华，如果没有及时夯实基础，知识体系只会是漏洞百出，只懂表面，不懂原理。万丈高楼拔地而起，还要靠地基打得好；地基不牢，则地动山摇。要明白"双一流"建设基础很重要，没有基础，就不可能建设"双一流"目标。加强课程的研究，一方面可以培养更多的优秀人才，另一方面可以不断地夯实学科基础，在完善的学科知识体系沃土之上，才会产出"一流的学科"的硕果。

一流大学的建设应该是具有较强的办学实力和较高的社会影响力，并且能够为现代大学的建设做出榜样的高校。一流学科建设高校在综合实力上虽然无法做到均衡发展，但是在某些特定领域能够起到学科带头人的作用，学科水平的发展是其发展的重心。高校图书馆作为学科知识的集散地，将现有的学科知识进行有效管理，并进一步转变为学科知识服务，最终为高校建设"双一流"提供学科服务。

参考文献

[1] 邱均平, 等. 论知识经济中的知识管理及其实施 [J]. 图书情报知识, 1999,（3）: 9-13.

[2] 柯平. 知识管理在图书馆中的应用研究 [J]. 图书馆学研究, 2003,（9）: 8-12.

[3] 覃凤兰. 基于知识管理的高校图书馆知识服务模式研究 [J]. 情报杂志, 2007,（5）: 118-120.

[4] 吴建中. 浅谈 21 世纪图书馆发展趋势 [J]. 图书馆杂志, 1997,（1）: 35-37, 26.

[5] 杨荣然. 知识管理在高校图书馆的应用与发展 [J]. 图书馆论坛, 2003,（5）: 30-31, 65.

[6] 盛小平. 21 世纪的图书馆知识管理 [J]. 图书馆杂志, 1999,（8）: 29-31.

[7] 吴慰慈. 从信息资源管理到知识管理 [J]. 图书馆论坛, 2002,（5）: 110-113.

[8] 刘雪飞, 张芳宁. 图书馆知识服务模式及发展趋势分析 [J]. 图书馆理论与实践, 2012,（10）: 110-112.

[9] 李荣, 刘旭. 对新环境下开展学科化服务的思考 [J]. 图书馆学研究, 2010,（4）: 78-80.

[10] 麦淑平. 图书馆知识服务模式研究 [J]. 图书馆建设, 2010,（6）: 72-75.

[11] 柯平. 新世纪图书馆需要知识管理和知识服务 [J]. 新世纪图书馆, 2005,（6）: 13-15.

[12] 姚晨璐, 李永先. 基于知识管理的图书馆核心竞争力研究 [J]. 图书馆学刊, 2013,（11）: 7-8.

[13] 李育嫦. 数字图书馆信息资源共享现状及保障机制研究 [J]. 图书馆学研究, 2014(03): 43-44.

[14] 董燕云. 计算环境下公共图书馆信息资源共享模式与运行机制研究 [D]. 济南: 山东大学, 2014.

[15] 黄翔.图书馆信息资源合作共享问题与对策研究[D].广西大学,2013.

[16] 过仕明,张雨娴.图书馆信息资源共享平台建设影响因素的定量分析[J].情报科学,2013(10):89-91.

[17] 李秦燕.网络环境下高职院校图书馆文献信息资源建设的思考[J].现代企业文化,2017(3):180-181.

[18] 唐细英,付婷,陈文峰.网络阅读和高校图书馆文献信息资源建设的发展[J].科技风,2017(2):171-171.

[19] 刘霞,马晓,刘素颖.网络环境下军队院校图书馆文献信息资源建设的对策[J].科技文献信息管理,2016(3):38-39.

[20] 刘安定.云环境下图书馆信息资源建设的机遇、挑战与策略研究[J].赤峰学院学报(自然版),2016,32(8):192-194.

[21] 徐建华.现代图书馆管理[M].天津:南开大学出版社,2003.

[22] 董华,张吉光.城市公共安全:应急与管理[M].北京:化学工业出版社,2006.

[23] 彼得·德鲁克.管理的实践[M].北京:机械工业出版社,2009.

[24] 郝建军.基于智库理念的图书馆参考咨询服务转型与建设研究[J].图书馆学刊,2016(12):79-81.

[25] 王喜平.基于智库理念的数字图书馆参考咨询服务模式研究[J].河南图书馆学刊,2015(09):112-114.

[26] 崔海英.服务主导型数字图书馆理念下的图书馆虚拟参考咨询服务研究[J].现代情报,2005(12):81-86.

[27] 肖希明.信息资源建设:概念、内容与体系[J].中国图书馆学报,2006,32(5):5-8.

[28] 程焕文,潘燕桃.信息资源共享[M].北京:高等教育出版社,2004.

[29] 肖希明.信息资源建设[M].武汉:武汉大学出版社,2008.